TRAUM HÄUSER AM — WASSER

ALEXANDER — HOSCH

CALLWEY

Inhalt

TRAUM HÄUSER AM —— WASSER

Vor einigen Jahren konnte man es lesen[1]: So ein Traumhausbau kann schiefgehen. Niemand sollte ihn erzwingen wollen. Berühmte Menschen mit riesigen Vermögen wie der alte Krupp, der Verleger William Randolph Hearst oder die Sängerin Madonna strandeten beim privaten Haustraum schon im Chaos oder in der Katastrophe. Nicolas Fouquet, der Finanzminister des Sonnenkönigs, kam 1661 gar ins Gefängnis, während der neidische Ludwig XIV. ihm seine Baumeister für Schloss Versailles ausspannte. Der letzte Satz dieses Textes aber lautete damals: Man sollte gleich morgen mit dem Bauen beginnen! So ist das mit den Mythen. Und das Traumhaus ist ein extrem lebendiger Mythos.

Der Architekt Sir David Chipperfield – um nun rasch zu den besonders positiven Beispielen und zu diesem Buch zu kommen – wusste genau, wie und wo er bauen wollte: in Nordspanien, direkt am Strand. Vor ungefähr zehn Jahren entstand sein „Haus wie ich" (S. 16 ff)[2]. Wenn Chipperfield von gemeinsamen Abendessen in Gesellschaft von 20 Familienmitgliedern, Freunden und Mitarbeitern erzählt, spürt man: Der Mann hat ein Ferienhaus, das zu ihm passt. Er kommt vermutlich in seinen Urlauben nicht nur am Meer an, sondern bei sich selbst.

Glamourvillen, edle Hütten, Denkgebäude, Minimalistentempel

In diesem Band sind noch 29 andere – hauptsächlich europäische – Häuser am Wasser versammelt, deren Architekten und Bauherren das meiste richtig gemacht haben. Einige der Wohn- und Feriendomizile aus den letzten Jahren gehören zu den maßgeblichen privaten Bauten, die in dieser Zeit entstanden. Auch ganz neue sind darunter, die man vielleicht ebenfalls bald in diese Liga zählt. Alle Häuser sind individuell und, wären sie Menschen, würde man sagen, sie haben ihre je eigene charismatische Persönlichkeit. Manche folgen einer durch und durch radikalen Philosophie, andere einem möglichst einfachen Prinzip. Im Vordergrund steht die – konkrete oder diskrete – Beziehung zum Wasser. Einige liegen an Gebirgsseen, andere an Flüssen, am atlantischen Sandstrand oder an der norwegischen Steilküste über dem Fjord. Sie befinden sich in Gegenden und Situationen, die klimatisch, topografisch und morphologisch sehr unterschiedlich sind, sodass sie die große Vielfalt der Bauaufgabe am Wasser zeigen. Glamouröse Traumvillen wie Antonella Rupps Haus über dem Bodensee (S. 148 ff) sind darunter, elegante Hütten wie Claesson Koivisto Runes kleines Holzhaus auf Kråkmora Holmar (S. 96 ff), hermetische Denkgebäude wie Daniel Libeskinds Künstlerhaus auf Mallorca (S. 156 ff) und Minimalistentempel wie Bruno Erpicums Casa AIBS auf Ibiza (S. 70 ff).

1 ——

Villa Foscari, genannt La Malcontenta,
in Mira am Brenta-Kanal.

[1] Verblasste Mythen: Das Traumhaus, in: Süddeutsche Zeitung, Feuilleton, 21./22. Januar 2006.

[2] Casa come sé / House as Self, in: Abitare 425, 2003.

Warum ein Haus am Wasser?

Schöne Häuser am Wasser faszinieren die Menschen noch mehr als schöne Häuser, die lediglich eine erhöhte Lage oder einen grandiosen Blick bieten. Grundstücke am Meer oder mit Seeblick sind, ungeachtet möglicher Risiken und Nachteile, die teuersten, die man kaufen kann. Nicht nur am Chiemsee, Tegernsee oder Starnberger See muss man für sie mehr zahlen als für Plätzchen, an denen das Wasser lediglich aus der Ferne zu erahnen ist. Aus der Premiumlage wird mannigfach Profit und Nutzen gezogen. Viele Gemeinden in Deutschland erheben inzwischen höhere Zweitwohnungssteuern für Häuser, die direkt am See liegen. In Amerika sind die Tarife für Neubauten etwa in den ehemaligen Fischerdörfern Connecticuts oft danach gestaffelt, ob sie in der ersten, zweiten oder fünften Reihe zum Atlantik liegen. Im Osten von London haben die neuen Olympischen Arenen die ehemaligen Brachareale in der Kanallandschaft um den River Lea so aufgewertet, dass nun dort die Wohnimmobilien boomen.

Wasser beruhigt oder regt an: In Europa verkörperten die Wasserspiele der Barockschlösser einst das stets bewegte Element. Ein Beispiel für eine Villa am Wasser war noch früher, zur Renaissancezeit, die von Andrea Palladio erbaute Villa Foscari (Abb. 1). Die Besitzerfamilie, die in Venedig bereits einmal den Dogen gestellt hatte, setzte sie 1559/1560 verkehrsgünstig an den Brenta-Kanal, weil sie dort von der Lagunenstadt aus so bequem zu erreichen war. „Wenn man die Villa an einem Fluss errichten kann, ist das eine sehr schöne und angenehme Sache, da mit geringen Kosten die Erträge zu jeder Zeit mit Booten in die Stadt gebracht werden können", erklärte der Architekt Palladio[3] in den Quattro Libri. „Zudem wäre der Fluss häuslichen Zwecken und auch den Tieren dienlich, abgesehen davon, dass er im Sommer Kühlung bringt und einen wunderschönen Anblick bietet. Mit größtem Nutzen und Schmuck wird man den Besitz bewässern können, vor allem die Zier- und Küchengärten, die die Seele der Villa sind und der Zerstreuung dienen."

Während in Italien oder Deutschland der praktische Nutzen oder der schützende Charakter der Nähe zum Wasser den Ausschlag für die Attraktivität eines Bauplatzes gaben, galt in anderen Kulturen schon früher der Aspekt der ausschließlichen Kontemplation als erstrebenswert.

2 + 3 ——
Der Wassergarten der Kaiservilla Katsura mit einem der Pavillons für Mond- und Teezeremonien.
Im 1642 bis 1647 erbauten Haupthaus Shingoten wohnte der Kaiser, wenn er zur Sommerfrische in Kyoto war.

2

3

4 ——
Drama aus Architektur und Wassernatur: Frank Lloyd Wrights House Fallingwater.

4

[3] Aus Andrea Palladio: I Quattro Libri dell'Architettura, Buch II, Kap. 12. Erstveröffentlichung 1570. Hier zitiert nach: Helge Claassen: Palladio, Auf den Spuren einer Legende, S. 109, Dortmund, 1987.

5 + 6 ——

*Die Ansicht der Fassade von E. 1027 und
der Blick auf ihr begehbares Dach sowie die
Bucht von Roquebrune-Cap Martin.*

5

6

Die Japaner setzten bei ihren Wassergärten rund um noble Wohnhäuser wie die Kaiservilla Katsura (1615–1663) auf Spiegelung und Täuschung des Blicks, auf Abwechslung, den erbauenden Weg durch die Natur und nicht zuletzt die Akustik. Wasserflächen mit Bootsanlegestellen, Bild und Klang springender Karpfen oder ins Nass plumpsender Schildkröten[4] waren fest eingeplant an diesen Orten reinen Vergnügens mit Musikpavillons, Teehäusern und Teichterrassen zur Mond- und Sternenbeobachtung (Abb. 2, 3). Sie gaben Bruno Taut, Walter Gropius, Le Corbusier und anderen europäischen Architekten der Moderne[5] bei ihren Besuchen wichtige Ideen ein.

Heute suchen auch viele Menschen im Westen den östlichen Blick. Die Gedanken entgrenzen sich von selbst angesichts eines Flusses oder Ozeans. Das stetig fließende oder sich in der Wellenbewegung verausgabende Wasser nimmt dem Dasein Enge, Statik und Limitierung. Das Panta Rhei[6], das auf den griechischen Philosophen Heraklit zurückgeführt wird, hat, wer am Strom baut, sich sozusagen für alle Zeit erworben. Veränderung, ewige Dynamik, einen Hauch der Unendlichkeit. Mag der Preis des Areals am Wasser auch hoch sein, der Mehrwert durch die Erweiterung des Blicks ist unbezahlbar.

Immer noch Vorbild:
Der Dampfer der Moderne

Frank Lloyd Wrights House Fallingwater (Abb. 4) von 1937 ist vertikal und horizontal in die Natur geschichtet. Es hängt gleichsam im Wasserfall der Bear-Run-Schlucht und ist bis heute wegen seiner spektakulären Situation ein Vorbild für jeden Traumhausbau am Wasser.

Auch an der Côte d'Azur steht so ein Prototyp. In Roquebrune-Cap-Martin verwirklichte die Designerin Eileen Gray zwischen 1926 und 1929 für sich und ihren Lebensgefährten das Maison en Bord de Mer E.1027 (Abb. 5, 6). Wie ein pausierender Transatlantikliner liegt das Epochenideal in den Felsen, direkt über dem Mittelmeer, mit Blick auf Monte Carlo. Die Ideologie und das Dogma mancher Kollegen waren Eileen Gray fern – sie nutzte ihr Haus am Meer als Experimentierlabor. Ein anderer Mehrwert dieser eigentlich bis heute verkannten Ferienarchitektur waren die praktischen Dreh- und Schwenkmöbel aus Stahlrohr, der Decksessel „Transat", die Leuchten und Teppiche, die extra für E.1027 entworfen wurden. Dass die klugen, leichten Dinge, die später als Lizenzprodukte zu Bestsellern wurden, für ein schwer erreichbares Haus am Wasser entstanden, ist nur vielleicht Zufall. Jedenfalls sind sie nach den Formorgien der Postmoderne im Zeitalter von Angemessenheit und Nachhaltigkeit nach 2000 längst wieder Vorbild. Und Eileen Grays poetische „Einladung zur Reise"[7], deren Buchstaben sie für ihre Gäste mit einer Schablone ins Wohnzimmer ihres innig geliebten Hauses malte, sollten wir als Motto für dieses Buch entleihen.

---

[4] Vgl. Arata Isozaki (Hrsg.): Katsura. Imperial Villa, Milano, 2004.

[5] Vgl. Ebenda.

[6] πάντα ρεî, griech. „alles fließt".

7 ——

Die Villa Savoye (1928-1931).

Auch sonst sind die Rückgriffe auf Prinzipien der Klassischen Moderne wieder intensiv präsent. Claesson Koivisto Rune (S. 124 ff) erinnerten sich an Alvar Aaltos langgezogenes Atelier in Munkkiniemi. Bruno Erpicum zeigt neben den sehr aktuellen Motiven der Casa AIBS (S. 70 ff) geradezu lehrbuchhaft Le Corbusiers langes Fenster (Abb. 7). Und von fern wirken die weißen Quader dieser Villa, als hätte jemand die Architektonen von Kasimir Malewitsch in den Granitsteilhang von Ibiza geschoben.

Die Casa Malaparte (Abb. 8) von Adalberto Libera ist Matteo Thuns Favoritin aus der Ära der Moderne. Seit sie 1938 für den Schriftsteller Curzio Malaparte errichtet wurde, nährt sie ohne Unterlass die Träume. Sie liegt einfach goldrichtig: über einem Felssporn auf Capri, nur 600 Meter von Thuns Wochenendhaus (S. 84 ff) entfernt. Ihr zu Ehren verlieh der in Südtirol geborene Architekt seinem Anwesen deren rote Fassadenfarbe. Obwohl die Casa Malaparte in der Bauausführung ein kaum bestrittenes Fiasko war[8], mobilisiert die Aussicht auf ihre majestätische Dachtreppe jedes Jahr Tausende zu einem Spaziergang an der Steilküste. Unzählige Yachten und Boote korrigieren extra ihre Route, um einmal an der Felsspitze vorbeizufahren, auf der die Casa Malaparte seit über 70 Jahren hingebreitet liegt, so als wäre sie nur mal kurz vor Anker gegangen.

Der romantische Blick nach draußen: Entwurf und Emotion

Als Delugan Meissl in Österreich vor einigen Jahren das Haus RT (S. 30 ff) planten, waren starke Gefühle im Spiel. Die Wiener Architekten orientieren sich in ihrer Arbeit am fließenden Raum- und Naturbegriff des kalifornischen Architekten John Lautner. Der hatte einst das theatralische Arango House über einer Bucht in Mexiko errichtet und eine Reihe Villen an der amerikanischen Westküste, die wie Adlerhorste Aussicht gewähren und zum Teil in James-Bond-Verfilmungen Einsatz fanden.[9] Lautner, in der unberührten Landschaft des Lake Superior in Michigan aufgewachsen, sagte einmal: „Die Architektur ist für den Menschen da, und das ist vergessen worden."[10] Er bewunderte zutiefst „die unendliche Vielfalt der Natur". Die Sehnsucht danach, die er als Zwölfjähriger entdeckt hatte, während er Baumstämme für ein Blockhaus über einen See flößte, baute Lautner später in seine Häuser mit ein.

8

„Bei der ersten Besichtigung des Grundstücks für Haus RT", erinnert sich Roman Delugan, „standen wir auf diesem Hochplateau, im Rücken eine Fichtenlandschaft, vorne zum Süden ein fast unendlich weiter Blick auf die fernen Berge, davor die Stadt und der See. So, dachte ich, hier möchte ich mich in dieser wunderschönen Sonne wärmen – gebt mir einen Liegestuhl! Da machen wir jetzt unseren Picknickkorb auf und genießen diese Aussicht!"[11] Heute steht an der Stelle, an der sich der Wiener Architekt den Liegestuhl gewünscht hatte, das Wohnzimmersofa. Und die Fenster rahmen für die Hausherren den Seeblick. Es sind diese ganz einfachen Ideen, die ein Traumhaus letztlich prägen können. Das Zulassen von Idylle, die Möglichkeit, über die ins Haus dringende Natur einer romantischen Auffassung im alltäglichen Raum zu geben

8 ——

Und immer lockt die Villa: Den ganzen Tag umschwärmen Boote den Felsen der Casa Malaparte auf Capri.

[7] „Invitation au Voyage" stand in E.1027 auf einer Schiffskarte über dem Sofa. Andere Inschriften, die Eileen Gray an die Wände malte, lauteten „Vas-y, Tonton!" (eine Aufforderung an ihr Auto) oder, am Eingang, „Entrez lentement" (Treten Sie langsam ein). Vgl. Peter Adam: Eileen Gray – Leben und Werk, München, 2009, S. 99 f.

[8] Vgl. etwa die Darstellung in Michael McDonough: Malaparte. Ein Haus wie ich, München, 1999.

[9] Vgl. Barbara-Ann Campbell-Lange: John Lautner, Köln, 1999, S. 7 f. und S. 142 f.

[10] Ebenda, S. 7, zitiert nach einem Vortrag Lautners am 23. Januar 1991 im SCIArc, Los Angeles.

[11] Interview Elke Delugan-Meissl, Roman Delugan und Christoph Schweiger mit Alexander Hosch am 27.06.2006 im Wiener Büro von DMAA (unveröffentlicher Teil).

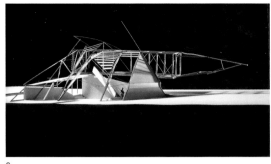

9

10

9 ——
Modell für das ungebaute Open House.

10 ——
Casa das Canoas bei Rio de Janeiro von 1953. Mit dem geschwungenen Dach bildete Oscar Niemeyer nicht das Haus nach, sondern den Pool. Wolf Prix schaute sich hier für die Villa S ab, wie man Grundrisse befreit.

und gleichzeitig eine unbedingte Zeitgenossenschaft verbinden diese beiden Häuser. John Lautner in Acapulco 1973 und Delugan Meissl 2006 verpassten den für ihre Zeit jeweils avantgardistischen Architekturen den Kick von der nur guten zur besonderen Wohnkultur in der Natur.

Im Haus RT wird die Landschaft – wie schon beim eigenen Penthouse des Architektenehepaares, Ray 1 (Abb. 18) – zum Teil des Hauses. Alle Bilder kommen von draußen, ob es hagelt, blitzt oder schneit. „Da ist Sehnsucht, starkes Fühlen und Sichwohlfühlen, totale Entspannung. Gegen diese Naturstimmungen kommt keine Dekoration an." [12]

Der Schatz im Silberstreifen

Das Haus RT ist eines von mehreren Häusern im Buch, die nicht unmittelbar am Wasser liegen. Obwohl der See ein Stück entfernt liegt, bestimmen sein Charme und der von ihm magnetisch angezogene Blick Zuschnitt und Entwurf. Die Orientierung am großen Naturgewässer ist selbst noch im Atrium mit dem Pool als wichtige Seitenerzählung spürbar. Ein dünner silberner Streif in der Ferne genügt, um zum Momentum zu werden, das alles andere festlegt.

Auch Hirner Riehl (S. 50 ff) schufen ihr Wohnhaus F im Feuchtgebiet in beachtlicher Entfernung zum Ufer, das über einen langen Steg erreicht werden kann. Der See glitzert verführerisch zwischen Schilfrohr und Birken durch; seine starke Aura ist stets präsent. Manchmal ist alles nass, das Land morastig oder gar bis an die Terrasse überschwemmt. Studio Granda (S. 60 ff) trafen an der Grönlandsee auf eine andere spezielle Disposition. Näher ans Wasser hätte man – wegen des herrschenden Windes – gar nicht bauen können. Doch die Hausherrin wollte den Fjord als ständige Referenz spüren, wenn sie in ihrem Wohnzimmer steht. Die Natur mit den von der Architektur betonten Fixpunkten Gletscher, Insel, Leuchtturm und Meer bestimmt alle emotionalen Pfeiler der Existenz in der urbar gemachten Wildnis dieses Teils von Island.

Neue Häuser für den Spaß, den Sport und das Leben

Die Ferienvilla S von Coop Himmelb(l)au (S. 102 ff) hat die Lebensfreude in den Genen – wer genau hinhört, kann den Wellenschlag von Kalifornien und Brasilien hören. Wolf Prix, der Chef der Wiener Architekten, ließ sich dazu in Rio von einer Baufigur (Abb. 10) des Kurvenstars Oscar Niemeyer anregen, der seinen Grundriss komplett vom geschwungenen Dach löste [13]. Und von Häusern, die Coop Himmelb(l)au einst für das grenzenlose Kalifornien – die eigene Traumlandschaft, in der sie ein weiteres Büro betreiben – planten. Der ideelle Anker der himmelblauen Villenprojekte ist das Open House [14] (Abb. 9). Die Wohnfläche wird darin metaphorisch als Landschaft aufgefasst. „Es gibt einen Berg, ein Tal, einen See und eine Wüste" [15], erklärt Prix. „Wir wollten große freie Räume, die von den Bewohnern quasi besiedelt werden. Wir haben das Open House aber nie gebaut." Die Kärntner Villa S profitierte davon. Am Ende entstand das erste Wohnhaus von Coop Himmelb(l)au nicht am Pazifik, sondern am Millstätter See (Abb. 12).

Die Villa S gehorcht, auch weil sie ein Umbau war, intern einer strengeren Organisation, entwickelt sich jedoch zum Wasser hin völlig frei: Der Hausherr bekam eine in den See ragen-

[12] Aus: „Wer baut mit Gefühl?", Roman Delugan im Gespräch mit dem Autor und vier anderen Architekten, AD Architectural Digest, März 2005, S. 51 ff.

[13] Interview von Alexander Hosch mit Wolf Prix am 5. Juli 2006 in Millstatt, in Auszügen veröffentlicht in AD Architectural Digest, Nr. 10/2006, S. 252 ff. Prix wollte in Millstatt jedoch keine geschwungene Form, sondern stellte das notwendig zu erhaltende Giebeldach mit Metallverkleidung auf einen „Tisch" aus Stahlbetonsäulen, um im Erdgeschoss einen freien Grundriss zu bekommen.

[14] Studie mit flexibler Raumorganisation, 1983 vorgestellt und später, 1988/89, für Malibu geplant. Das Open House existiert bis heute nur als Modell.

[15] Interview von Alexander Hosch mit Wolf Prix im Oktober 2000 in Wien, abgedruckt in: AD Architectural Digest, Nr. 1/2001, S. 20 ff.

11

12

de Terrasse, eine Pier mit Sprungturm, einen Pavillon und eine Anlegestelle für sein Boot, die zugleich als Außen-Bar dient. Mehr noch: Mit der entgrenzten Villa S kommt das alte Thema Gesamtkunstwerk neu am Wasser an. Die Architekten gestalteten ein Bestiarium von Gegenständen eigens für dieses Wochenendhaus, angefangen beim Sofa über die Sonnenliege bis zu den Cocktailgläsern mit Raubtierfellprint. Ein anderes Spaßdomizil ist das Big Bay Beach House in Südafrika (S. 36 ff). Fuchs Wacker zeichneten es für eine Familie in Kapstadt. Schon das Briefing machte klar – Arbeiten findet in Europa statt! An dem Strand, an dem sich die Eheleute einst beim Windsurfing kennenlernten, wollen sie nun ihre vier Kinder lehren, auf den coolen Boards zu stehen, und abends vor der Kulisse des Tafelbergs die Kite-Surfer beobachten.

Das überhängende Betonhaus in Gerês (S. 110 ff) wurde ebenfalls aus Sportbegeisterung gebaut. Die Hausherren fahren in dem Flusssystem in Nordportugal seit über 20 Jahren Wasserski. Die hölzerne Casa Bouhon in Chile (S. 130 ff) ließen sich passionierte Windsurfer erbauen. Im Beach House am Starnberger See (S. 66 ff) verband der Auftraggeber seinen Wunsch nach einem kleinen, unkomplizierten Wohnhaus mit maximaler Freiheit: Er kann dort seinen Lieblingsvergnügungen Stand-up-Paddling und Surfen, so oft er will, gleich von der Terrasse aus frönen (Abb.11).

Eine elegante und trendige Haus-Variante, die schwimmt anstatt nur daneben zu stehen, ist die Wasservilla de Omval in Amsterdam von +31 Architects (S. 184 ff).

Natur oder Skulptur?

Eine wichtige Entscheidung steht vor jedem Bauen an: Wie geht der Architekt mit dem Vorgefundenen um? Begegnet er dem Drama der Wassernatur mit Unterordnung? Oder entscheidet er sich für orthogonale Formen und für Farben, die deutlich den menschlichen Eingriff zeigen? Es gibt viele gute Gründe, einen Bau möglichst einfach aus der Umgebung herauswachsen zu lassen. Matteo Thun etwa hat sich bemüht, der Landschaft durch seinen Umbau auf Capri (S. 84 ff) möglichst wenig Architektur hinzuzufügen. Sein inzwischen überwuchertes Haus versteckt sich im Hang. Lacaton Vassal (S. 168 ff) entschieden sich für die radikale Variante einer neuen Ökoarchitektur am Meer: Sie führten ein Low-Budget-Haus an der französischen Atlantikküste auf, das von Pinien durchwachsen wird und den Boden kaum berührt. Es kann um ein Spiel mit dem Dschungel gehen oder – bei Salzwasser, Felskliffs und Sumpfgebieten – ums Domestizieren und Widerstehen. Fantastic Norway (S. 24 ff) klebten ihr Ferienhaus unter einem bionischen Schutzpanzer so geschickt auf einen Felsvorsprung zwischen Fjord und Meer, dass die Besitzer auch im Winter nie dem Sturm ausgeliefert sind, den sie gleichwohl bestens sehen. Studio Granda flirtete an der Grönlandsee (S. 60 ff) raffiniert mit Exzentrik und Naturmimikry.

Einige kleinere neue Häuser – wie das erwähnte, in die Konturen einer Fischerhütte integrierte Beach House – stellen sich in eine andere, oft übersehene moderne Tradition: die der einfachen Hütte. Seit Henry David Thoreau (1817–1862) ist die Klause in der wilden Natur der Platz des wahrhaft Freien. Der amerikanische Naturphilosoph und Aussteiger lebte seinen zivilen Ungehorsam in einer Hütte bei Concord, Massachusetts, aus, die – natürlich – an einem kleinen See lag. „Im September oder Oktober ist der See ein makelloser Waldspiegel, eingefasst mit Steinen, die mir so kostbar sind wie kostspieligere Stücke. Nichts auf der Erde kommt ihm an Schönheit und Reinheit gleich. Himmelswasser. Es braucht keine Umzäunung. Völkerstämme kommen und gehen, ohne ihm etwas anhaben zu können. Dieser See ist ein Spiegel, der nie zerspringt, dessen Quecksilber nie vergeht, dessen Rahmen die Natur ständig erneuert; kein Sturm, kein Staub kann ihn trüben. Ein Spiegel, in dem alles Unreine versinkt, der von keinem Hauch anläuft, der vielmehr seinen eigenen Atemhauch himmelwärts schickt und nur dessen Spiegelbild als Wolke behält."[16]

Nochmal einen Augenblick zurück zur Maison E.1027: Es war das Haus, das sich der große Le Corbusier gern gebaut hätte, an einem Ort, den er gern entdeckt hätte. Er streckte als Gast so oft wie möglich die Zehen in Eileen Grays Fuß-Pool, lebte sommers auf der Terrasse der Bar Etoile de Mer nebenan, besetzte später E.1027 mit seinem Planungsstab, umzingelte es manisch mit eigenen Bauten und brachte im Interieur ohne Eileens Wissen acht Wandfresken an.[17] 1952 ergriff ihn der Hüttenzauber und er errichtete neben E.1027 sein „Schloss von 3,66 × 3,66 Meter". Le Cabanon (Abb. 13, 14, 15) beherbergte fortan den edlen Wilden. Le Corbusier baute als Minimalmodul sein Manifest vom „Wohnen mit Sonne, Luft, Grün" mit ein – und hatte an der primitiven Hütte bis ans Lebensende das allergrößte Vergnügen. Wie auch an dem Sprungbrett, das man ihm unten am Meer extra gebaut hatte.

Warum war dieser intellektuelle Geist von diesem schlichten Ort so besessen? Vielleicht geht es um den genau richtigen Platz, der – übersichtlich und beherrschbar – Traum und Wirklichkeit nicht nur verspricht. Dort wird jeder Aufwand plötzlich leicht, denn alles wirklich Kostbare bekommt man gratis: die Natur, das Wasser, die Weite, den Blick. In Roquebrune-Cap-Martin kapitulierte die Wohnmaschine vor der Romantik und vor der Natur.

Eine jüngere skandinavische Erfahrung (S. 96 ff) führt uns in eine ähnlich simpelkomfortable Wohnsituation. Mårten Claesson, Eero Koivisto und Ola Rune schlossen auf einem Schäreninselchen an das Prinzip der paradiesischen Holzhütte an, die in der Landschaft aufgeht. Auf gerade einmal 45 Quadratmetern brachten sie dank großzügiger Terrassen, kluger Proportionen und unter optimaler Ausnutzung der Geländelinien einen Urlaubstraum unter, der keine Wünsche offen lässt. So lebt Thoreaus Ideal von Autarkie und Naturnähe immer weiter fort.

Doch Claesson Koivisto Rune können auch anders. Ihr Wohnhaus bei Stockholm von 2010 (S. 124 ff) ist eine reinweiße skulpturale Geste. Der kantige Entwurf zieht sich flach am Drevviken-See entlang, wie eine mathematische Figur. Auch Bembé Dellinger verzichteten in Oberbayern schon bei vielen Neubauten auf einheimische Architekturposen, etwa für die abstrakte Baugestalt des Zwillingshauses an der Amper (S. 144 ff). Und das großformatige Zuhause von Antonella Rupp über dem Bodensee (S. 148 ff) entwickelt selbstbewusst einen Turm aus ineinandergreifenden chamoisfarbenen Kuben und der privilegierten Landschaft, in deren Mitte sie sich als Zeichen setzt. Das Minimum an Garten verstärkt den Eindruck des Hauses als Plastik.

13

14

15

13, 14, 15 ——
Die kleine Holzhütte Le Cabanon an der Côte d'Azur wurde zu Le Corbusiers Quartier im Garten Eden. Links der Architekt nackt bei einer Mahlzeit in der benachbarten Bar L'Étoile de Mer. Traumblicke und Zitronenbäume flankieren den Weg zwischen Hütte und Bar.

[16] Aus H. D. Thoreau: Walden oder Hüttenleben in den Wäldern, München 2012, nach der ersten deutschsprachigen Ausgabe, 1972. Der amerikanische Originaltext ist 1854 in Boston erschienen.

[17] Vgl. dazu die Ausführungen von Peter Adam in seinen Eileen-Gray-Biografien; sowie die Texte von Peter Adam: „Haus der Eitelkeiten" in: Architectural Digest 3/2001, S. 88 f. und Alexander Hosch: Mein Haus, meine Bucht, mein Sprungbrett!", in: Süddeutsche Zeitung, Feuilleton, 8. September 2003

Willkommen im Qualitäts-Zeitalter: Vom Un-Private House zur Villa Sorgenfrei

Im Jahr 1999 veranstaltete das Museum of Modern Art in New York die viel beachtete Ausstellung „The Un-Private House".[18] Sie führte Fotos, Zeichnungen und Modelle von 26 neuen oder geplanten Wohnhäusern in aller Welt zusammen. Die radikale Präsentation stellte neben Entwürfen von Shigeru Ban, MVRDV und Diller Scofidio auch Rem Koolhaas' Haus in Bordeaux vor, das von einem offenen Aufzug für den Hausherrn im Rollstuhl beherrscht wird. Medienfassaden, Außenvorhänge, digitale und virtuelle Szenarien, Touch Screens und Sensoren, fiktive Erzählungen prägten die Gebärden der Häuser, die ein Lebensmodell auf die Bühne stellten, das vom nie endenden Hunger nach öffentlicher Privatheit beseelt schien.

Heute geht es kaum noch darum. Und wenn Wasser im Blick ist, muss sich das Haus nicht auch noch selbst zum „Liquid Screen" verflüssigen. Stattdessen arbeiten die Architekten an der Behebung letzter kleiner Störungen im Alltag der Hausherren. Vernünftige Gründe geben neben emotionalen den Ausschlag für Entscheidungen. Barkow Leibinger zum Beispiel ließen sich für ein Berliner Seegrundstück zu einem Entwurf anregen (S. 92 ff), der nach draußen attraktive Materialstudien stülpt, während er den Bewohnern drinnen lichte, hohe Räume und immerwährende See-Aussicht durch eine Glaswand bereitet.

Diese Dichotomie von Offenheit nach vorn und glanzvollem Verschluss nach hinten durch hinreißende Oberflächen hat sich am Wasser mehr denn je als Generalthema etabliert. Schwarz & Schwarz (S. 44 ff) und Darlington Meier (S. 180 ff) prunken bei Zürich mit einer Bronzehaut respektive Lasuren-Alchemie. Kaufmann Widrig provozieren am Genfer See (S. 56 ff) mit einer Stahlhülle. Petra Gipp (S. 162 ff) trennt auf einer Schäreninsel den strahlend durchlichteten Wohnkubus vom Holzkastensystem der Schlafräume. Wespi de Meuron am Lago Maggiore (S. 116 ff) sowie Bedaux de Brouwer in Zeeland (S. 134 ff) suchen den maximalen Kontrast zur Transparenz durch eine Ästhetik der Wehrhaftigkeit: hier grobe Mauern voller Steinbrocken, da schwarze, nur von Schießschartenfenstern durchbrochene Keramikklinker.

Steven Holl wiederum schöpft als „Raummaler" aus dem kantigen Reservoir des Dekonstruktivismus. Allerdings löst der New Yorker die sperrigen Konturen und das oft spröde Baumaterial durch weiche, warme Lichtreflexe auf – wie beim Writing With Light House auf Long Island (S. 120 ff) und bei der Daeyang Residence (S. 78 ff). Und Libeskind tat auf Mallorca genau, was die Auftraggeberin sich wünschte, um in Ruhe malen und bildhauern zu können: Er bekämpfte die Inflation der wunderbaren Blicke. Zum Meer gibt es von der Villa (S. 156 ff) genau einen Ausguck: Less is more. Funktionalismus nach 2000 heißt auch: Architekt und Bauherr sind sich einig. Und was andere denken, ist ihnen egal.

18 ——

Das Ehepaar Delugan Meissl erprobte den glänzenden Umschlag aus Glas und Alucobond zuerst am eigenen Wiener Penthouse Ray 1. Der zweistöckige Entwurf über einem Sixties-Blocks vermittelt wie eine Membran zwischen Wohnung und Stadtlandschaft.

18

16, 17 ——

Günther Domenig vor einer der Kanzeln in seinem Steinhaus. Er erbaute es nach Zeichnungen, die er von den Steinformationen im Mölltal gefertigt hatte.

[18] Ausstellung im Museum of Modern Art, 1. Juli bis 5. November 1999, New York

19

20

19 + 20 ——

*Eine in Spanien liegende Segelyacht wurde 2009
von Claesson Koivisto Rune nach Maß ausgestattet
und möbliert. An der Treppe zum Heck trifft man
zwei ihrer wichtigsten Zutaten: Minimalismus und
Walnussholz.*

Man muss hier noch ein paar Worte über den Ahnherrn der gut gebauten dekonstruktivistischen Villa verlieren. Am Ossiacher See nahm Günther Domenig 1986 sein eigenes Haus (Abb. 17) in Angriff. Der Grazer Architekt erfand darin beinahe heimlich einen Formenkanon, der Starbauten berühmterer Kollegen vorweg nahm. Die Bauskulptur, für die er 23 Jahre brauchte, erscheint manchem abweisend, verwirrend, ja böse – eine Villa Ohneruh mit Treppentürmen und Wegen ins Nichts. Doch mehr Traum geht gar nicht. Aus Stein-Zeichnungen (Abb. 16), die Domenig im Lauf einer sentimentalen Reise ins Lieblingsgebirge seiner Jugend fertigte[19], wuchsen skurrile Stahlkanzeln und Betonkapseln, in denen er eine mystische Heimat suchte und fand. Jahrelang wohnte er im Sommer selbst im Steinhaus.

Effizienz, smarte Materialien – und Architekten, die für sich selber bauen

Über alle Stilunterschiede hinweg gilt: Der Architekt als eleganter Problemlöser von heute verzückt seine Bauherren mit Effizienz und Komfort. Eine Spielart: Der Baumeister erprobt Strukturprinzipien und Materialien zuerst für sich selbst. Das eigene Wohnhaus ist Versuchskaninchen, ewiger Prototyp, der einem permanenten Ernstfall ausgesetzt ist, ständiges Work in Progress.

So prüft Antonella Rupp Stoffe, Farben und Interiors bei sich. Delugan Meissl testeten das Leichtmetall Alucobond, das beim Haus RT zum Einsatz kamen, zuerst am eigenen Penthouse (Abb. 18), das wie ein in der Bewegung paralaysierter Silbermuskel auf dem Dach eines Blocks der Sechzigerjahre sitzt. Der Architekturkurator Terence Riley vom Museum of Modern Art in New York fühlte sich von der experimentellen Außenhaut an ein Tattoo[20] erinnert. Bart Lootsma verglich die transparente und filigrane Struktur mit einer Röntgenaufnahme.[21]

John Pawson, der auch bei den Villen, die er gerade am Meer baut, den Blick in die Wasserlandschaft keinesfalls durch Türgriffe, Steckdosen oder Leuchtmittel stören will, spielt ebenso wie Antonio Citterio (S. 138 ff), ein anderer Wohnhaus-Spezialist, Details und raffinierte Lösungen für Klienten oft im eigenen Haus durch. Und David Chipperfield, der lieber „das Besondere im Gewöhnlichen" sucht als die Exzentrik, zeigte sich selbst und allen anderen zuerst mit seinem Ferienhaus am Strand (S. 16 ff), was zeitgenössische Klassik ausmacht.

Die Villa als Labor: „Small is more radical"[22], sagt Bolle Tham sinngemäß dazu. Er und sein Partner Martin Videgård entwickelten manche Motive des kleinen Archipelago House (S. 174 ff) später für Großprojekte weiter[23]. Neben anderen aus diesem Buch[24] widmen sie sich der Idee des hochwertigen Kit House. Vielleicht ein Trend. So können sie ihre Errungenschaften an viele weitergeben. Tham Videgård stehen wohl paradigmatisch für die aktuell bauende Generation.

Wie ihre Landsleute Claesson Koivisto Rune (S. 96 ff), die vor allem effizient sein wollen. Das bedeutet zum Beispiel: Das Möbel passt zum Haus. Claesson Koivisto Rune haben sowohl die Architektur als auch das Design des neuen Milleniums mitgeprägt, lobte 2007 Paula Antonelli vom MoMA.[25] Ähnlich wie einst Eileen Gray am Mittelmeer betreiben die Schweden, die für Iittala, Cappellini und Boffi entwerfen, ästhetisches Feintuning selbst auf bescheidenstem Raum. Sogar das Interieur einer Segelyacht (Abb. 19, 20) bekam von ihnen einen minimalistischen Maßanzug verpasst.

[19] Nach 35 Jahren stieg Domenig im heimatlichen Mölltal wieder auf die Almen und zeichnete die bizarren Felsformationen des Hochgebirges. Aus den „Architektonischen Zerbrechungen", wie er diese Studien nannte, konstruierte er der Aufbau des „Steinhauses".

[20] Terence Riley: Vorwort, S. 11 f., in: Temel, Robert, Waechter-Boehm, Liesbeth: Delugan Meissl 2, Konzepte, Projekte, Bauten, Band 1, Zürich 2001: „More than most young firms, they have been able to maintain a vital element of experimentation in their projects."

[21] Bart Lootsma: Röntgenarchitektur, S. 15 f., in: ebenda.

[22] Vgl. das Profil „Nordlichter", S. 62 ff über die Architekten in Häuser, August / September 2012.

[23] „Central to their thinking was the conviction that architectural ideas are not really tested until they confront reality", S. 6, in: Johan Linton: Out of the Real. The Making of Architecture. Tham & Videgård Arkitekter; Zürich, 2011.

[24] Zum Beispiel Matteo Thun und Claesson Koivisto Rune.

[25] Vgl. Preface by Paula Antonelli: Claesson Koivisto Rune Architecture/Design, Basel 2007.

Ausblick

Die neuen Traumhäuser am Wasser zeigen: Das Gefühl ist zurück und die Haptik. Die Menschen möchten die Elemente erleben und wünschen sich dafür draußen und drinnen mehr denn je kluge Materialien, die man gerne anfasst. Und immer geht es um den richtigen Platz: mal ganz unten, mal ganz oben – aber garantiert geschützt vor den Naturgewalten.

Seit dem Platzen der Dotcom-Blase 2001 sucht man wahre Werte statt purer Größe. Downsizing wie auch Simplifying kamen als Qualitätsbegriffe aus Amerika – und blieben.

Auch deshalb drückt sich Anspruch heute nicht mehr nur in Quadratmetern aus, sondern im Respekt vor der Natur. Im Moment sind Luxushaus und Passivhaus nicht mehr als entfernte Bekannte. Aber wer sagt, dass in warmen Gegenden nicht bald alle Villen Cool Roofs bekommen, die Hitze zurückstrahlen können und so die Klimaanlage sparen? Und dass unsere nächsten Hafencities nicht längst Townhouse-Siedlungen haben werden, die wie bisher nur größere Wohnbauten (Abb. 21) das nahe Wasser für die eigene Energiebilanz nutzen?

Eines hat sich seit E.1027, Casa Malaparte und Le Cabanon nicht geändert: Dass am Ende die emotionalen Qualitäten, die im Übereinkommen von Bauherr und Architekt das Gute zum Vollkommenen führen, für das Gelingen entscheidender sind als alles andere. Und dass ein Haus nur ein Traumhaus ist, wenn es nicht lediglich von den Gästen bewundert wird, sondern von seinen Bewohnern geliebt.

Für alle, die momentan in Traumhäusern am Wasser nur Gäste sind, aber gilt frei nach Eileen Gray[26]: Das Durchblättern dieses Buches soll wie eine Reise sein, voller Entdeckungen, voller Überraschungen!

21 ——

Bringt die nächste Grüne Welle selbstversorgende Townhouse-Viertel in die neuen Hafencities? Immerhin helfen Flusswasser-Tiefbrunnen heute schon bei der Kühlung und Heizung von größeren Wohnanlagen – wie den Kranhäusern von BRT, 2011 im Kölner Rheinauhafen errichtet.

22 ——

Bunte Boote neben der Villa S in Millstatt.

[26] „Das Betreten eines Hauses muss wie eine Reise sein, voller Entdeckungen, voller Überraschungen!", zitiert nach Peter Adam: Haus der Eitelkeiten, in: Architectural Digest, AD 4 / 2001, S. 90 (Hinter der Fassade).

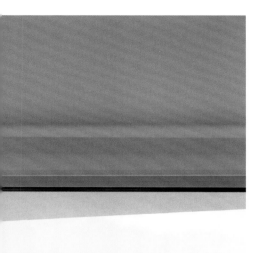

HAUS IN CORRU- BEDO

SIR DAVID CHIPPERFIELDS
einzigartiges Urlaubsdomizil an der
Strand- und Hafenfront eines ga-
licischen Dorfes bringt die Arbeits-
zeiten von vier Bürodependancen
in aller Welt mit den Freizeitbedürf-
nissen eines Stararchitekten und
seiner Familie in Einklang.

BISKAYA —— 2002

Unten Natur, oben Skulptur: Chipperfields Ferienhaus „wächst" aus dem felsigen Strand.

Der Bau in Nordwestspanien reiht sich fast nahtlos in eine Kette von sehr unterschiedlichen Fischerhäusern ein. Er liegt etwas seitlich in der eklektischen Häuserreihe zum Atlantik, direkt am Strand. Wie ein Stein wächst er aus dem Meer, aus dem Sand, aus den Klippen, wirkt dabei zeitgenössisch-monolithisch und nimmt doch sensibel die Symmetrien der Dorfsilhouette auf.

Der britische Architekt David Chipperfield nutzt das Ferienhaus jeden Sommer zusammen mit seiner Familie. Wenn dringende Projekte zu besprechen sind, reisen Mitarbeiter aus Chipperfields Büros in London, Berlin, Mailand oder Shanghai an. Es ist das erste und bisher einzige Wohnhaus, das Sir David Chipperfield für sich erbaut hat. In seiner stattlichen Einfachheit enthält es alles, was ein gutes Haus ausmacht.

„Es ist ein wunderbarer Platz, um dort den Sommer zu verbringen", erzählt Chipperfield[1]. „Wir sind immer zwei Monate da. Das Haus hat um die 210 Quadratmeter, was nicht besonders viel ist, denn ich habe vier Kinder. Sein Zentrum ist ein großer Esstisch und ein Sofa. Ein Wohnzimmer gibt es nicht. Die Zimmer der Kinder sind unten, weiter oben gibt es noch Schlafzimmer, Konferenzraum, Arbeitszimmer und Terrasse. Den ganzen Sommer kommen Leute zu uns, die wir im Dorf unterbringen. Denn mit den Großeltern und den Freunden der Kinder wohnen praktisch immer zwölf Leute hier. Zum Abendessen kommen dann alle zu uns – dann sitzen 20 Leute am Tisch."

Dieses Haus passt sich an und ist doch ganz es selbst. Es sei auch wie der Architekt selbst. So befand – in Abwandlung eines berühmten Ausspruchs von Curzio Malaparte über seine eigene Villa auf Capri – ein erster Bericht in der italienischen Zeitschrift *Abitare*[2] über das damals nagelneue Projekt. Das scheint sehr treffend. Chipperfield, dem es immer wieder gelingt, ohne platte Zitate architektonische Tradition zu bewahren, hat in dem Ferienhaus seine eigene minimalistische Klassik verwirklicht.

Blick von der Loggia auf Küste und Atlantik.
Gleich links beginnt ein Naturpark mit Dünenvegetation.

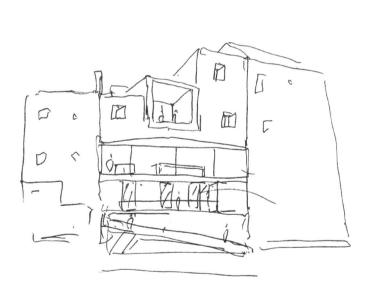

Befände sich der viergeschossige Block in einer Großstadt, würde man nicht zögern, ihn Townhouse zu nennen. Denn so ist alles angeordnet. Schon in der Planung war das Haus vorausweisend, ohne virtuelle Experimente, also untypisch für seine Bauzeit. Die Zugangsrampe vom Strand ist wie die Basis aus Naturstein und Zement. Darüber folgt das Hauptwohngeschoss mit der großen Panoramafront aus Schiebefenstern zum Wasser. Sie sind das Scharnier des Entwurfs: Das Meer wirkt hier immer rein. Zusammen mit dem Bildschirmmotiv der Loggia darüber drückt die Glaszeile Zeitgenossenschaft aus. Der Sockel dagegen stellt gemeinsam mit dem reinweißen Additum einer bewusst unruhig nuancierten Dachlandschaft die Verbindung zu allem Bestehenden her. Dieses Capriccio aus kleinen Winkeln, Kaminen und Rundungen knüpft an die abwechslungsreichen Giebel der Nachbarhäuser und bindet das jüngere Haus sanft an sie an.

Auch wenn es in Corrubedo vielbenutzte Arbeitsplätze gibt, lädt Chipperfields Hide-away im spanischen Dorf ihn nach eigenem Bekunden vor allem zu Spaziergängen am Strand, zum Schwimmen oder Segeln ein. Alles nur ein paar Meter entfernt. Und am liebsten sitzt der Architekt, zu dessen vielen Ehrungen 2012 noch die Ernennung zum Kurator der 13. Architekturbiennale von Venedig kam, einfach am Tisch vor der Glasfront. Und blickt auf den Atlantik. ——

[1] aus einem Interview mit dem Autor, geführt im November 2005 im Architekturbüro in London-Camden, teilweise abgedruckt in Architectural Digest AD, Februar 2006, S. 48 ff.

[2] Casa come sé/House as Self, Abitare 425, 2003, S. 66 ff.: „If a house for yourself also means a house like yourself, one would be well advised to look carefully the holiday house David Chipperfield has just ..."

Fandango der Rhythmen:
Das neue weiße Haus ist ganz anders – und passt sich
doch in die Dorfsilhouette ein.

SCHNITT

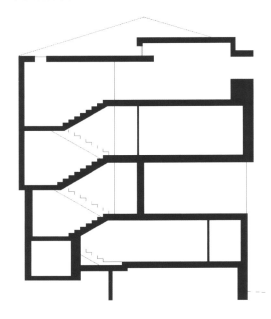

LAGEPLAN

ERDGESCHOSS/
STRANDGESCHOSS

1.0BERGESCHOSS

2.0BERGESCHOSS

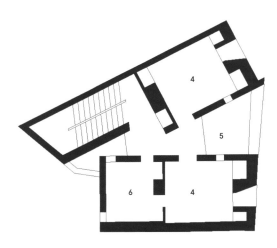

3.0BERGESCHOSS

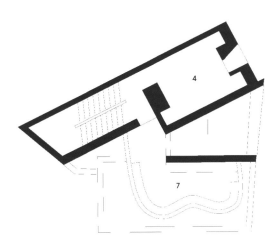

TECHNISCHE DATEN

David Chipperfield
Architects Ltd

Wohnfläche:
210 m²

LEGENDE

1 Zugang
2 Kind
3 Wohnen/Essen
4 Schlafen
5 Loggia
6 Bad
7 Terrasse

Der lange Esstisch hinter der beleuchteten Glasfront ist das Zentrum des Hauses.
Rechts unten: David Chipperfield in seinem Ferienhaus.

„Familie, Mitarbeiter, Freunde
der Kinder – zum Abendessen
kommen alle zu uns. Dann sitzen
20 Leute am Tisch."

DAVID CHIPPERFIELD ——

CABIN

FOSEN —— 2008

VARDE-HAUGEN

Rundumblick von der 35-Meter-Klippe:
Mit einem Wochenendhaus zwischen
Fjord und Felsen lotete das Osloer
Architekturbüro FANTASTIC NORWAY
die Möglichkeiten des Bauens im
Extremklima aus.

„Wir suchen engen Kontakt zur Landschaft und zu den Menschen. Es gibt Dinge, die erfährt man nicht aus Landkarten oder Statistiken."

HÅKON MATRE AASARØD ——

Wenn man Panoramafenster hat und einen Holzofen wie die Bewohner des Ferienhauses in Vardehaugen, lässt sich das raue Draußen bei jedem Wetter genießen. Ob Herbstwinde peitschen oder Schneestürme wirbeln, von drinnen sieht es immer gemütlich aus. Der Architekt Håkon Matre Aasarød ist stolz darauf, dass er dieses Haus auf angenehme Windverhältnisse hin maßschneiderte: „Jeder Winkel ist genau berechnet." Der Co-Chef des Osloer Büros Fantastic Norway hat im Auftrag seiner Eltern, die rund zwei Stunden entfernt in Trondheim leben, auf der Halbinsel Fosen diese 77 Quadratmeter Behaglichkeit geschaffen, was an der exponierten Stelle zwischen Fjord und Felsen kein Kinderspiel war. Wie baut man fürs Extremklima? Fantastic Norway brachten das Bauexperiment auf die Formel: harter Panzer, weiches Herz. Nun schottet das traditionelle und doch innovative Dach der neuen Wochenend-Welt die Idylle an allen Wetterecken bis zum Boden ab.

Matre Aasarød studierte den Ort an der Fjord-Mündung oft und genau. Zu jeder Jahreszeit, zu jeder Tagesstunde. Es ging darum, für die Baustelle die Blickrichtungen zu optimieren und Winde zu erspüren, das Zusammenspiel von Sonne und Felsen zu erkunden. „Hätte ich allein auf die lokalen Windkarten und -statistiken vertraut, sähe das Haus anders aus." Zum Glück hatte der junge Architekt eine regionale Doktorarbeit über Hausbau in schwierigem Klima zur Hand. Zusätzlich machte er Tests mit Windsäcken. Sie halfen ihm, die richtigen Nischen für die Terrassen zu finden, Ecken und Winkel an die geeignetsten Stellen zu setzen. So überlistete er sogar den Nordwind.

Das Massivholzhaus ist direkt auf
den Fels gebaut (oben). Links die behagliche Fensterbank.
Bei diesem Fjordblick ist das Wetter
beinahe egal.

Fast wäre es ein Nurdachhaus geworden:
Die schwarze Kiefernholzschale panzert die Idylle
an allen Ecken und Enden bis zum Boden.
So werden die horizontalen weiß lackierten Holzlatten
geschützt, die Eingänge und Terrassen
bleiben windstill.

ERDGESCHOSS

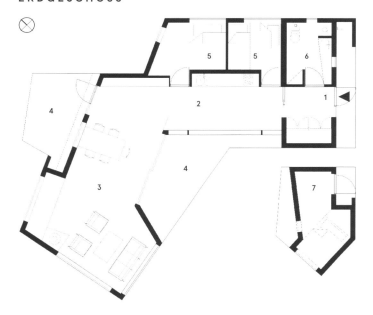

LAGEPLAN

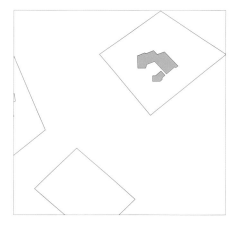

TECHNISCHE DATEN

Fantastic Norway AS
Håkon Matre Aasarød,
Sivilarkitekt MNAL

Wohnfläche:
77 m²

Anzahl der Bewohner:
2

LEGENDE

1 Zugang

2 Kochen

3 Wohnen

4 Terrasse

5 Schlafen

6 Bad

7 Gäste

SCHNITT

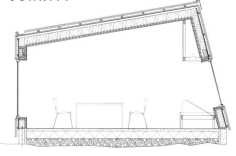

SCHNITT

Die Massivholzkonstruktion
gründet in einem Beton-
fundament, das mit Stahl-
pfosten verankert ist.

Über dem Essplatz hängt eine Pendelleuchte
von Poul Henningsen.
Rechts die Küche mit Blick auf die geschützte Terrasse,
unten die Wohnecke.

Das abenteuerliche Szenario, das die in Mittelnorwegen zwischen Nordsee und Fjord gelegene Halbinsel Fosen passend zu ihrem Klima bietet, gab den größten Anreiz dafür, in Trøndelag ein hölzernes Ferienhaus zu bauen. Håkon Matre Aasarød und sein Partner Erlend Blakstad Haffner gewannen ihre enge Verbindung zu gleichsam eingebauten Traditionen ihres Landes auf einer dreijährigen Reise, die sie im roten Wohnmobil durch 16 norwegische Städte führte. Das half, um 700 Kilometer nördlich von Oslo ein so komfortables Haus nach Maß zu bauen – zwischen Steinböden, Felsgipfeln und Heideland, mit Blick auf die See.
Die Bauherren träumten von einem Ferienhaus für das ganze Jahr. Eines, das sich jedes Wochenende als Naturobservatorium nutzen lässt. Nun können sie jederzeit beobachten, wie ein Adler über die Felsen fliegt oder im Trondheimfjord ein Hurtigruten-Schiff vorbeizieht. Sie können in die Berge gehen, mit dem Boot losziehen oder, wie die Touristen, Lachse angeln. Im Hochsommer wird es nicht dunkel, ab Herbst dramatisieren Polarlichter den Nachthimmel. Man vergisst fast, dass es zum Nordkap noch 1.500 Kilometer sind.
Der Sohn baute das Haus direkt auf den Stein. Zu ducken scheint es sich dennoch. Das Betonfundament ist mit Stahlpfosten verankert. Der Rest der Konstruktion besteht aus Holz. Auch das Dach. „Der feine weiße Lack der geschützten horizontalen Holzlatten hebt sich gegen die schwarze Färbung der senkrechten, aufwendig imprägnierten Kiefernholzschale ab. Dieses Farbspiel war eine wichtige Grundidee." Wie die Orientierung an der typischen Cluster-Bauweise. Bauernhäuser werden in Norwegen so angeordnet, dass das jeweils größte das Ensemble abschirmt und ein sturmfreier Innenhof entstehen kann. Das Haus in Vardehaugen hat nur ein kleines Nebengebäude für Gäste. Aber der Freisitz dazwischen ist natürlich windstill. ——

HAUS RT

ÖSTERREICH —— 2005

DELUGAN MEISSL entwarfen
ein zeitgenössisches Atriumhaus,
das ganz aus der Emotion und
aus dem Blick auf einen See heraus
entstand. Wer das nicht weiß,
könnte es für ein notgelandetes
Raumschiff aus einem der Star-
Wars-Filme halten.

Grünes Ufo: Das bewachsene Dach und die geschickt modellierte Landschaft
lassen Haus und Natur verschmelzen.

SCHNITT

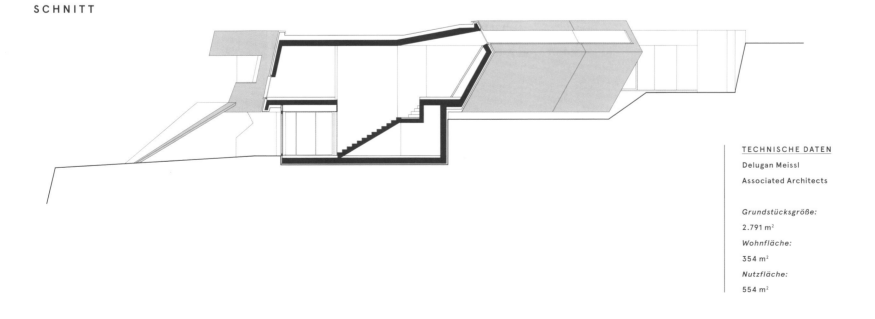

TECHNISCHE DATEN
Delugan Meissl
Associated Architects

Grundstücksgröße:
2.791 m²
Wohnfläche:
354 m²
Nutzfläche:
554 m²

„Man sieht vom Wohnzim-
mer aus die nahe Stadt
und den See. Diesen Blick
haben wir gerahmt wie
mit einem Passepartout."

ROMAN DELUGAN ——

Im Außenbereich dürfen die Flügel und Keile durchaus schroff wirken.
Innen dagegen herrscht Harmonie. „Alles geht ineinander über", sagt Roman Delugan.
„Die Formen fördern den Fluss des Raums." Der Boden des Wohnzimmers ist
aus Nussbaumholz. Sessel im Atrium von Patricia Urquiola.

Eines der besten Einfamilienhäuser der Wiener Architekten Delugan Meissl ist
eine Villa im ländlichen Österreich mit der Anmutung eines außerirdischen
Flugkörpers. „Der Entwurf ist gewissermaßen aus dem künftigen Wohnzimmer
heraus entstanden. Wir standen am Hang, blickten auf die nahe Stadt, die Berge und den See und stellten uns vor, was unsere Hausherren wohl gern sehen
würden, wenn sie auf ihrem Sofa sitzen", sagt Roman Delugan. Er nimmt, um
das zu illustrieren, eine Schnittzeichnung von Haus RT zur Hand und deutet auf
das Wohn-Cockpit.
An diesem Haus lasse sich seine Architekturphilosophie ähnlich gut erklären wie
am eigenen, etwas älteren Wiener Penthouse Ray[1] (Abb. 18, S. 12), erläutert
Delugan. „Am Anfang standen ein Ort und eine Landschaft, die Gefühle auslös-
ten – und eben nicht ein Objekt der Begierde, das im Kopf schon fertig gebaut
war. Wir entwickelten Step by Step mit den Bauherren." Klares Programm, offener Schluss. Nach vorn bezieht sich das Haus also auf die fast unendliche Weite des Sees. Es liegt auf einem Plateau unter einem Fichtenwald. Zu den Bäu-
men hin verschlossen die Architekten den Baukörper, öffneten lediglich Schlitze
und schmale Bänder als Fenster. „Da ist Rotkäppchen im Spiel – in der Nacht hat
Wald ja etwas Bedrohliches, Geheimnisvolles. Hier kann man sich aber geborgen
fühlen und mit dem Rücken zum Wald lehnen. Er gibt dem Haus Halt."[2]
Roman Delugan, Elke Delugan Meissl und ihre Mitarbeiter bauten aus diesen
zwei Grundideen heraus ein avantgardistisches Wohnhaus, das alles über das
Gleiten, Fließen und Anschmiegen weiß. Nur ein Raumprogramm zu verwirkli-
chen, das wäre ihnen zu wenig. Sie fragen alle Gewohnheiten ab. Dass sie einen
so gefühlsbetonten Zugang zulassen, ist für Architekten ungewöhnlich. Ihr
Spiel mit Raum und Landschaft bezieht sich direkt auf den amerikanischen Architekten John Lautner, den sie verehren, weil er in den Sechziger- und Sieb-

ERDGESCHOSS

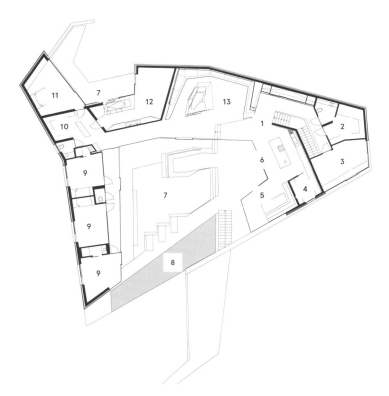

LEGENDE

1 Zugang (über UG)
2 Hauswirtschaftsraum
3 Arbeiten
4 Vorräte
5 Essen
6 Kochen
7 Terrasse
8 Pool
9 Kind
10 Ankleide
11 Schlafen
12 Bad
13 Wohnen

zigerjahren mit seinen Häusern in Mexiko und Kalifornien Orte prägte, so wie die Umgebung sich umgekehrt seinen Häusern einschrieb. „Wir arbeiten wie er emotional und erzeugen fließende Übergänge von Raum zu Raum oder von der Natur ins Haus. Klar, das wirkt dynamisch und erinnert manche an Zaha Hadid. Aber wir sind trotzdem himmelweit von ihrem Idol Kasimir Malewitsch oder seinen Architektons entfernt."

Das Haus RT erscheint, als wäre es nur eingeschossig, weil seine Kellerräume in den Hang geschmiegt und unter Natur versteckt sind. Das Spiel zwischen wilder und domestizierter Natur und deren Hineinwachsen in das Gebäude ist den Architekten wichtiger als die reine Erscheinung konstruktiver Geometrien. Sie sprechen vom Verzahnen mit der Natur vorne und einem gleichzeitigen Abschälen des Hauses von der Landschaft nach hinten.

Delugan Meissl Associated Architects, die u.a. das Filmmuseum in Amsterdam und das Winterfestspielhaus in Erl gebaut haben, sind nirgendwo so authentisch wie im privaten Wohnbau. Auch weil sie bei allen Wohnprojekten „die Geschwindigkeiten in der Familie" beachten. Diese sind ein weiterer wesentlicher Entwurfsaspekt. Jedem Raum wird ein „Tempo" zugeordnet. Es gibt „Ruhe", die sich in rechten Winkeln äußert, etwa in den Kinderzimmern. Je weiter man aber die Winkel öffnet, desto „schneller" fließt der Raum. „So entstand nach und nach der Maßanzug für unsere Bauherren." Erst auf den zweiten Blick ist zu sehen, dass man es mit einer gängigen Typologie zu tun hat: dem Atrium-Haus. Der Besucher wird abgelenkt von den unerwarteten Linien und der betont artifiziellen Geste des schrägen schwarzen Fassadenmusters aus Alucobond-Platten. Sie schützen das Haus wie ein Schildkrötenpanzer. All das verbindet sich zu einer Qualität der Gegensätze. Die Delugans verbinden dafür lustvoll Haus und Landschaft: „Es gibt Yin und Yang, still und laut, hell und dunkel".

Das Deck des Atriums widersteht dem rauen Alpenklima mit indonesischem Bangkirai-Holz.
Auf der linken Seite das polygonale Wohnzimmer mit Alcantara-Sofas und zentralem Kamin.
In die Nussbaumvertäfelung wurden indirektes Licht und Lautsprecher integriert.

Nur Yin und Yang? Auch Hightech! Die Fassade punktet asymmetrisch und abstrakt:
Schwarze Alucobondplatten treffen auf breite, helle Fugen. „Wie ein schwarzes Blatt in der Natur",
sagt Roman Delugan dazu. Das Bad dahinter mit der in den Schieferboden eingelassenen
Wanne ist einer der spektakulärsten Räume.

„Das Schöne bei diesem Haus ist", resümiert Elke Delugan Meissl, „dass wir alles planen konnten, vom Keller über die Küche zum Kamin, den Sitzbänken und der domestizierten Natur. Das war kompliziert und aufwendig, kommt aber unserer Idee von Bauen entgegen. Bei uns gibt es keine Addition von einem Gegenstand zum nächsten. Alles ist ein Guss. Die Architektur reagiert gleichermaßen auf den Bauherrn und die Landschaft. Das ist der Schlüssel zu unseren Häusern." Diese Ganzheitlichkeit ist neben der Dynamik ein kompromisslos verteidigtes Charakteristikum jeder Delugan-Meissl-Wohnarchitektur. „Die Möbel sind in den Raumfluss eingebaut – man kann sie nicht einfach wie Wäsche wechseln." In Österreich überm See haben sie die Hierarchie von Architektur und Mobiliar ein für alle Mal aufgelöst. ——

[1] vgl. Architectural Digest AD 2/2004, „Im Himmel über Wien", S. 151 ff und Bauwelt 23/2003, S.10 ff. Mit dem Penthouse Ray 1 wurde das Architektenehepaar weithin bekannt, weil es die strenge Wiener Bauordnung so kreativ interpretierte, dass am Ende auf einem Mietblock der Sechzigerjahre eine Art zweistöckiger Muskel mit Metallhaut saß, den man im Moment des Zuckens paralysiert hat.

[2] vgl. Architectural Digest AD 10/2006, Alexander Hosch „Haus RT", S. 62. Alle weiteren Zitate aus einem in Teilen unveröffentlichten Interview von Elke Delugan Meissl, Roman Delugan und Christoph Schweiger mit dem Autor in ihrem Wiener Büro im Sommer 2006.

BIG BAY BEACH HOUSE

KAPSTADT —— 2010

Das Stuttgarter Büro **FUCHS WACKER ARCHITEKTEN** fügte seinem Portfolio jüngst ein Privathaus für den maximalen Urlaubsspaß hinzu. Es liegt aber nicht am Neckar. Sondern an einem der coolsten Surfstrände Südafrikas.

Die Fynbos-Vegetation des Dünenstreifens vor dem Haus ist naturgeschützt. Und immer dieses Panorama (unten): Man sieht den ganzen Tag die Surfer, von November bis Juni mit etwas Glück sogar Wale! Hier der Durchgang zwischen Haupt- und Gästehaus vom Poolbereich zur Terrasse.

Man fühlt sich
wie im Urlaub –
jede Minute am Tag.

STEPHAN FUCHS ——

Die robusten Hölzer im Außenbereich widerstehen der starken Sonne und dem extremen Wind.
Die Shutters sind aus kanadischer Zeder, die Terrassenbohlen aus Ipe.

Die Sonne steht im Norden. Daran muss man sich in Kapstadt gewöhnen. Doch das tut bei diesem Ferienhaus jeder, der es besucht, schnell und gern. Es hat nämlich ausschließlich Schokoladenseiten.

Richtung Süden erstreckt sich der Blick von der breiten Holzterrasse auf die nahe Bucht von Kapstadt. Südafrikas bekanntestes Panorama wacht darüber: der Tafelberg. Nach vorn, das ist die Westseite, trennt ein geschützter Grünstreifen mit der typischen Dünenvegetation Fynbos das Strandhaus vom atemberaubend wilden und meist eiskalten Ozean. Im Osten schließlich lockt ein windgeschützter Innenhof mit Pool, den die Architekten zwischen die Natursteinmauer mit dem Eingang, das zweistöckige Haupthaus und ein eingeschossiges Gästehaus geplant haben. Die Familie mit vier Kindern, die sich dieses Haus erbaute, lebt in Europa, hat aber oft in Kapstadt zu tun. Der Ehemann ist hier aufgewachsen. Dass das Haus gerade in der Big Bay steht – einem der besten Surf-Spots, inzwischen vor allem für Kite-Surfing - ist kein Zufall: Die Eheleute lernten sich hier auf ihren Boards kennen. Zum Glück gibt es weniger Haie als an der wärmeren Ostküste von Kapstadt.

Die Bauherren wurden sich mit Stephan Fuchs, einem der beiden Chefs des Stuttgarter Architekturbüros Fuchs Wacker und selbst ein (Wind-)Surfer, über das Haus rasch einig. „Am Wasser zu bauen, ist die schönste Bauaufgabe überhaupt", schwärmt er und beschreibt dann ein wesentliches Merkmal seines Entwurfs: „Man kann die Surfer jederzeit von der Terrasse aus beobachten - von Sonnenaufgang bis Sonnenuntergang." Das Haus ist buchstäblich auf Sand gebaut. 2,5 Meter tief reichende Stahlpfeiler sichern das kellerlose, in Massivbauweise errichtete Ensemble. Die Bodenplatte trägt mit. Die Fundamente wurden mit Sand gefüllt, dieser maximal verdichtet. Neben dem Haupthaus für sechs gibt das Gästehaus vier weiteren Personen Platz.

Die Volumina sind auf die einzigartige Geografie und das spezielle Klima zugeschnitten. „Nicht nur die Nähe des Wassers, sondern auch die starke Sonneneinstrahlung und vor allem der heftige Wind, der die ganze Zeit mit bis zu 8 Beaufort bläst, haben die Architektur beeinflusst", sagt Fuchs. Alle Hölzer für den Außenbereich sind daher robust, altern schön und leuchten schon jetzt wunderbar silbrig.

Das Erdgeschoss des Haupthauses ist beinahe ein einziger lichtdurchfluteter Raum, in dem sich Entree, Küchenzeile, Herdblock, Essplatz und Kaminhalle aufreihen. Die offene Treppe gibt sein zentrales Motiv. Sie eröffnet Durchblicke, bändigt Licht und Schatten – so wie es die zahllosen Schiebefenster, Vorhangschals und Holzlamellengitter tun. Die Bewohner können spielerisch den ganzen Tag entscheiden: Wo darf mich die Sonne kitzeln, wo soll es lieber kühl sein? Auch wenn sie im Patio den Windschatten genießen: „Wir haben den Wohnraum zu beiden Seiten vollständig verglast, sodass man durch ihn hindurch jederzeit das Meer sehen kann."

Nochmal der Fynbos zwischen Haus und Atlantik.
Das Haus ist buchstäblich auf Sand gebaut. Am Strand davor lernten sich einst
auf romantische Weise die Hausherren kennen: Weil *sein* Hund,
der eigentlich ein Einzelgänger ist, sich von *ihr* streicheln ließ, während
das Herrchen über die Wellen ritt ...

SCHNITT

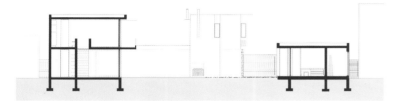

ERDGESCHOSS

OBERGESCHOSS

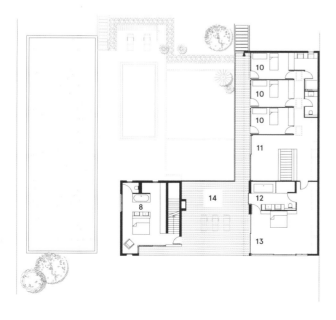

LAGEPLAN

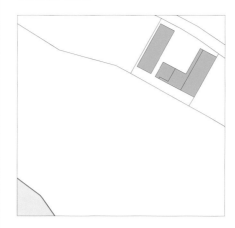

TECHNISCHE DATEN	LEGENDE	
Architekten BDA	1	Zugang
Fuchs, Wacker	2	Garage
Stephan Fuchs,	3	Kochen
Thomas Wacker	4	Essen
	5	Wohnen
Grundstücksgröße:	6	Terrasse
1.900 m²	7	Sauna
Wohnfläche:	8	Gäste
350 m²	9	Pool
Nutzfläche:	10	Kind
110 m²	11	Spielfläche
Bewohner: 6+4	12	Bad
Bauweise:	13	Eltern
Massivbau, Stahlbeton	14	Sonnendeck
und Ziegelmauerwerk		

Und alles wird hier, unweit des gefährlichen Kaps der Guten Hoffnung, ständig nass. Immer geht Wind, die Sonne greift an. Kein Klima für schwache Baustoffe. „Die Materialien haben wir so gewählt, dass sie das Gefühl, am Strand zu sein, maximal unterstützen. Es wurden nur natürliche Hölzer und Steine verwendet. Die meiste Zeit verbringt man schließlich barfuß und in der Badehose – da ist es wichtig, dass sich alles angenehm anfühlt", betont der Architekt. Die Terrassenbohlen sind aus Ipe, Shutters und Fassadenverkleidung aus unbehandelter kanadischer Zeder. Der geschliffene Natursteinboden besteht aus grauen Platten des Granits, der in der Kapregion vorherrscht. Das rötliche Holz der Treppe, des Esstischs und der geölten Parkettdielen im Obergeschoss heißt Afromosia.

Ein wesentliches Detail des Entwurfs sind längliche Lichtschlitze im Dach, die in allen Korridoren und Bädern Akzente setzen. Und eine kleine Sauna bereitet – vor allem, wenn das Meer im Sommer nur 12 Grad hat - oft einen unverzichtbaren Abschluss für lange Surftage.

Eine weitere Besonderheit ist die unabhängige zweite Suite des Haupthauses. Sie geht per separater Treppe von der Kaminhalle ab und besteht aus einem großen Schlafzimmer mit Bad. Zwischen ihr und dem Elternschlafzimmer gibt es im Obergeschoss eine zusätzliche Terrasse, die Durchsichten zum Poolbereich ermöglicht. Vom Meer aus wirkt der Entwurf wie eine nach oben offene Klammer. Diese skulpturale Geste gibt der Erscheinung Einheitlichkeit. Vom Strand sehen die beiden Häuser wie ein einziges aus.

Die einzigartige Vegetation der Kapregion – eines von sechs Florenreichen der Erde mit vielen endemischen Arten - kommt hier mit der extrem dramatischen Lage zusammen. Da gerät bei der Frage nach dem schönsten Augenblick selbst der Architekt ins Wanken: „Morgens im Schlafzimmer aufwachen und die ersten Surfer auf den hereinkommenden Wellen beobachten?" Oder doch „abends auf der Terrasse den Sundowner genießen, während die Sonne im Meer versinkt?" ——

Schnell aufwachen, bitte! Der Masterbedroom bietet eine der schönsten Aussichten der Erde. Unten das offene Wohnzimmer.
Im Hintergrund jeweils Kite-Surfer und ein Teil des majestätischen Tafelbergs.

TER-RASSEN-HAUS IN ZOLLIKON

ZÜRICHSEE —— 2010

Sichtbeton und Bronzehaut katapultierten ein Grundstück, auf dem bis vor Kurzem ein altes Schweizer Familienhaus stand, in die Gegenwart. **LUCAS SCHWARZ** baute dort für seinen Bruder Andreas.

SCHNITT

LAGEPLAN

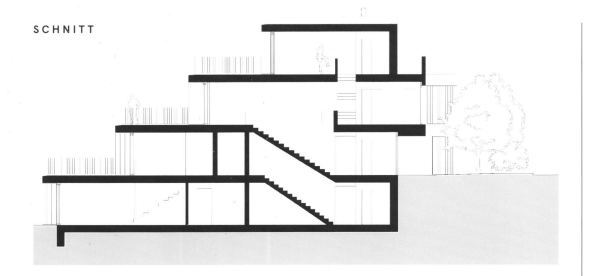

ERDGESCHOSS

TECHNISCHE DATEN

Schwarz & Schwarz
Dipl. Architekten SIA

Grundstücksgröße:
842 m²
Wohnfläche:
300 m² plus Einlieger 130 m²
Nutzfläche:
345 m² plus Einlieger 141 m²
Terrassen:
120 m² plus Einlieger 40 m²
Bewohner: 5
(Einliegerwohnung: 3)
Energiekonzept:
zertifizierter MINERGIE®
Standard, hinterlüftete
Fassade mit vertikal ge-
schuppten Bronzepanelen

LEGENDE

1 Zugang
2 Schlafen
3 Terrasse
4 Arbeiten
5 Bad
6 Wohnen
7 Kochen/Essen

OBERGESCHOSS

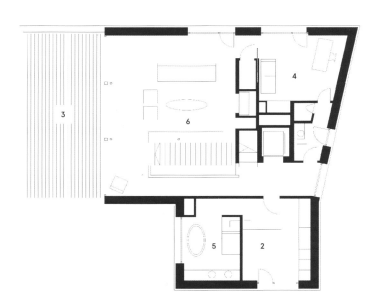

DACHGESCHOSS

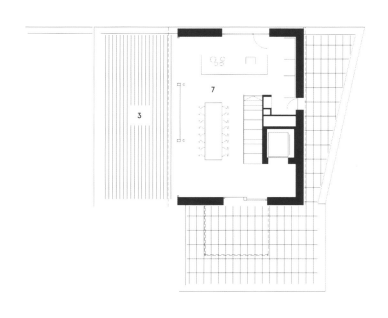

Schwer auf Metall: Nachts kommt das Wechselspiel
zwischen Einblick und Verhüllung am besten zur Geltung. Die Küche ganz oben
hat beinahe eine Rundumterrasse.

Das alte Haus von 1920 an der sogenannten „Goldküste" hatte mehr als einen Tapetenwechsel nötig. Der Bauherr beschloss deshalb, es durch ein neues Terrassenhaus zu ersetzen. „Die horizontale Betonung der Geschosse interpretiert die Hangsituation", sagt Architekt Lucas Schwarz zu seinem Entwurf über dem Nordostufer des Zürichsees.

Wie ein gläserner Schubladenschrank sieht das Gebäude dagegen von der Seeseite betrachtet aus. Dementsprechend gute Aussichten garantieren die großzügigen Schiebetür-Verglasungen aller vier Geschosse zum See hin. Das Gartenlevel gehört zu einer Einliegerwohnung, die drei Etagen darüber teilen sich die fünf Mitglieder der Familie. Alle Stockwerke verfügen über geräumige Terrassen oder Balkone mit Seepanorama, im ersten und dritten Stock gibt es zusätzlich seitliche Nebenterrassen. Diese Anordnung trägt zu dem Eindruck bei, dass hier beim Wohnen das Freilufterlebnis im Vordergrund steht. Der Architekt weist darauf hin, dass vor allem „die Führung der Treppe den Blick aufs Wasser inszeniert. Die Erschließung hält das Haus zusammen und lässt jedes Geschoss anders erleben."

Das zweite Charakteristikum des Baus ist seine Materialität. Das Büro Schwarz & Schwarz wählte als Akzent für alle anderen Seiten verdrehte, vertikale Bronze-Schuppenbleche. Sie geben diesen Fassaden je nach Lichteinfall Schimmer oder Glanz und verleihen ihnen Bewegung sowie Sichtschutz. Sie sind in jeder Richtung auf andere originelle Weise ausprägt. Lucas Schwarz spricht von einer „aktiven Fassade im Gegensatz zur ruhigen Wasserfläche".

Neutra lässt grüßen. Die Metallhaut aus Lamellen macht
das Terrassenhaus am Zürichsee unverwechselbar. Einen Kontrast
zur bronzenen Fassade geben die dunklen
Eichenplanken auf allen Böden (rechte Seite).

Der Bauherr wollte hier etwas Besonderes versuchen. Teilweise – wie am Eingang – wurden die brünierten Bronzebleche mit Laser perforiert. In den Etagen lösen die versetzten Metallfassaden die durchaus vorhandenen massiven Elemente wie Backstein- und Betonwände durch ihre lamellenförmige Anordnung und die gleichzeitige horizontale Entwicklung auf. Das Ausgangsmaterial Messing erhielt hier eine künstliche Bronze-Patina und sieht dadurch edler aus. Richard Neutra hat 1946 sein Haus Kaufmann in Palm Springs ähnlich elegant mit Aluminium-Blenden verkleidet. Dem Hausherrn aus der Designmöbelbranche und seinem Architekten war dieser attraktiven Metallvorhang zu den umliegenden Bürobauten, Villen, Mehrfamilienhäusern ein Anliegen. Die Fachpresse attestierte dem neuen Bau in Zollikon zumindest für die Schweiz deshalb auch prompt „Einzigartigkeit". [1] ——

[1] Vgl. „Bronze-Zeit" in: Atrium, November/Dezember 2011, S. 50 ff.

An einigen ausgewählten Stellen sind die Metall-Elemente perforiert.

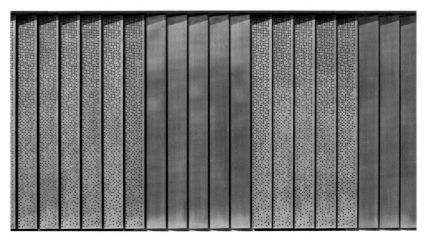

WOHN - HAUS F

WÖRTHSEE —— 2007

In der Nähe von München ließ
sich eine Moorlandschaft zwischen Seewasser
und festem Grund von der Architektur nur
durch Bohrpfahlgründung erobern.
Elegant wie auf einem Floß „schwimmt"
der Hauskörper des Münchner Büros
HIRNER & RIEHL nun zwischen den Birken.
Und manchmal reicht das Wasser
bis zur Terrassenkante.

Wenn das Moorland überschwemmt ist,
scheint das Haus zwischen den Birken zu treiben,
wie ein großes Floß.

Den lichtdurchfluteten Treppenraum kreierten die Architekten mithilfe von Skylights, vertikalen Durchblicken und „fliegenden" Stufen.

Man sitzt im Haus – und doch mitten in der Natur.

Das Pultdach-Haus liegt am Westufer des oberbayerischen Wörthsees gegenüber einer kleinen Insel. Die Grundstücksgrenze befindet sich am Rand eines Naturschutzgebiets. Ein Künstlerpaar bewohnt das Haus parallel zu seiner Stadtwohnung. Die Konstruktion ist in Holzsystembauweise aus vorgefertigten Dickholzplatten errichtet.

Das Haus, ein zeitgenössischer Pfahlbau, ruht auf massiven Holzpfeilern mit je 60 Zentimeter Durchmesser. Sie mussten tief in den sumpfigen Boden eingebracht werden. Da sich in früheren Erdzeitaltern hier offenbar ein steiler Abhang gebildet hatte, gab es ein Gefälle in der tragenden Kiesschicht im Untergrund zwischen rund 12 und 20 Metern.

Das Grundstück zeichnet eine – manchmal bis zur Terrassenkante überschwemmte – Moorlandschaft mit einzigartiger Vegetation aus. Nur ein fester Eichensteg führt über etwa 100 Meter bis zum Wasser. Die Architekten betonen, dass das Haus also in einen Bereich zwischen Wasser und festem Ufer gebaut ist. Es ist, von den Pfählen abgesehen, nicht in den Grund gebaut, sondern steht erkennbar über dem Boden. Seine Basis ist ein großer Holzrost. „Wenn man will, kann man es als Haus auf einem Floß wahrnehmen", sagt Martin Riehl. Er spricht von einem „gewissermaßen schwimmenden Haus".

Hier leicht zu bauen, war wegen des morastigen Grundes oberstes Gebot. Beton kam schon wegen seines Gewichts nicht infrage. Durch das offen zur Schau gestellte Baumaterial – Massivholz – wollten Martin Hirner und Martin Riehl einen symbolischen Bezug zum klassischen Bootsbaumaterial herstellen. Dass die Holzbauweise CO_2-bindend ist, war ihnen aus Nachhaltigkeitsgründen zusätzlich sympathisch. Innen ist das Holz teilweise weiß verputzt. Einige Außenflächen zum Garten sind mit Echtholzfurnier verkleidet. Der Rest der Fassade zeigt waagrecht verlegte Lärchendielen. Der Rost ist aus widerstandsfähigem Cumaru. Neben dem Haupthaus gibt es freistehende Boxen, ebenfalls aus Lärchenholz, für die Garage und ein Atelier.

Stolz ist Martin Riehl vor allem auf zwei Aspekte: „Dass das Haus – obwohl minimal-invasiv – ein Gelenk zwischen Ufer und Wasser geworden ist. Und dass die Bauherrin sich hier so wohl fühlt." Riehl weist auf eine Eckbank am Wasser, die er als Aufenthaltsort besonders schätzt: Bewohner und Besucher erreichen die schöne Stelle über den Steg durch sumpfiges Areal. Von der Eckbank zieht das zwischen Birken und Schilfrohr durchschimmernde Haus den Blick magnetisch auf sich, auf der anderen Seite tun das die Katamarane und Kajütenboote der Freizeitsportler auf dem See. Es gibt auch einen kleinen Einstieg, einen eigenen Zugang zum Wörthsee. Darunter wohnt seit geraumer Zeit ein Waller,

Naturidylle mit Waller unterm Einstieg und Wolken auf dem See.
Rechte Seite: Blick über das Grundstück zum See.
Der Freisitz im ersten Stock ist mit Cumaru-Holz belegt. Die Skulptur
stammt vom Partner der Hausherrin.

ERDGESCHOSS

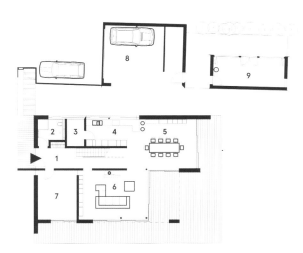

OBERGESCHOSS

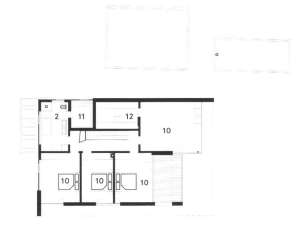

TECHNISCHE DATEN

Hirner & Riehl Architekten
und Stadtplaner BDA

Grundstücksgröße:
2.914 m²

Wohn-/Nutzfläche:
364 m²/283 m²

LEGENDE

1 Zugang
2 Bad
3 Technik
4 Kochen
5 Essen
6 Wohnen
7 Arbeiten
8 Garage
9 Atelier
10 Schlafen
11 Sauna
12 Ankleide

erzählt lächelnd die Hausherrin. Der Architekt sitzt neben ihr und zeigt auf ein Starenhäuschen. Er kennt es schon lange, es hat auch ein Pultdach. Da vorne ist der Bezug zwischen Natur und Bauwerk wirklich zum Greifen. „Man kann gerade hier erfahren, wie die Architektur die landschaftliche Eigenart des Ortes thematisiert", sagt Martin Riehl.

Martin Hirner, Martin Riehl und Projektleiter Matthias Marscher haben die außergewöhnliche Lage im Bereich zwischen Wasser und festem Ufer baulich zum Sprechen gebracht. Die Architektur reflektiert ihren besonderen Ort. Auch im Spiel von Offenheit und Geschlossenheit. Nach Norden ist der Baukörper fensterlos. Nach Osten zeigt er in den beiden Etagen nur jeweils ein langes, hoch liegendes Schlitzfenster. Im Wohnhaus gibt es vertikale Durchblicke, das Obergeschoss wird zusätzlich von Skylights belichtet. Nach Süden und Westen öffnet sich das Haus zur Landschaft. Hier lassen sich die Skyframes mit den Fenstern komplett wegschieben. So sitzt man zwar im Esszimmer, aber doch schon mitten in der Natur. ——

LAGEPLAN

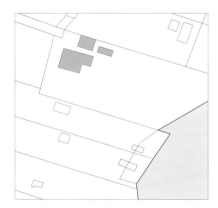

SCHNITT

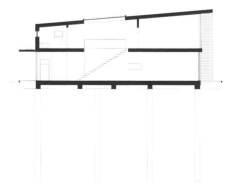

PFAHLBAU
Sechzig Zentimeter dick sind die Bohrpfähle, die das Haus in der 12 bis 20 Meter tief liegenden Kiesschicht verankern. Dazwischen befinden sich Löss und Lehm.

STAHLHAUS

KAUFMANN WIDRIG ARCHITEKTEN
aus Zürich setzten in den Obstgarten einer
alten Parkvilla ein neues Wohnhaus, dessen
Fassade sich im Lauf der Zeit allmählich
von Schwarz zu Rostrot verändert.

GENFER SEE —— 2009

VON THONON

SCHNITT

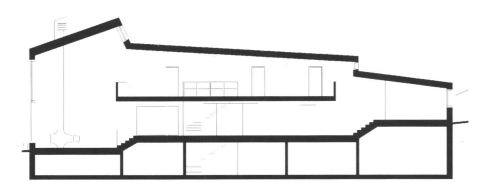

ERDGESCHOSS

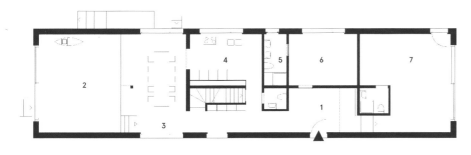

OBERGESCHOSS

LAGEPLAN

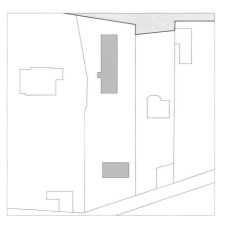

TECHNISCHE DATEN	LEGENDE
Kaufmann Widrig	1 Zugang
Architekten GmbH	2 Wohnen
	3 Essen
Grundstücksgröße:	4 Kochen
2.000 m²	5 Bad
Wohnfläche:	6 Gäste
305 m²	7 Studio
Nutzfläche:	8 Galerie/Arbeiten
540 m²	9 Luftraum
Technik:	10 Schlafen
Wärmepumpe	

„Der Kunde wollte ein vernünftiges, aber persönliches Haus", sagt Daniel Kaufmann. Das hört sich harmlos an. Die beiden Architekten, die früher im experimentierfreudigen Zürcher Office Gigon / Guyer beschäftigt waren, sind es gewohnt, an Grenzen zu gehen. In diesem Fall war die Grenze erst die mutige Entscheidung für eine erschwingliche Fassade aus schwarzen Stahlplatten, die mehr als den zarten Ästhetenrost des teureren Cortenstahl zulässt. Sie ist darauf berechnet, im Lauf der nächsten 30 Jahre einen immer satteren roten Rostfilm auszuprägen, dessen Farbe schon jetzt den komplementären Ton zum Grün-Blau von Garten, See und Himmel gibt. „Das ungewöhnliche Material und seine gewollte Alterung sind hier goldrichtig", erklärt Kaufmann. „Dazu kam, dass wir das Dach aus dem gleichen Material gestalten wollten – mit den Stahlplatten war das möglich."

Es ging darum, auf dem Stück Land – lang und schmal – genau das Richtige zu tun. „Unser Bau verhält sich zu den bestehenden Villen wie ein Nebengebäude", erläutert Daniel Kaufmann. Das neue Wohnhaus am Genfer See passt sich lieber an die Bootshäuser daneben an. Es sitzt auf dem Grundstück ganz vorn, direkt am Ufer, wo sonst nur dunkle Holzhütten mit Giebeldach ihre Doppeltüren für Motor-, Paddel- und Ruderboote öffnen. Sie gehören in der Regel zu den weiß verputzten Villen, die im Hang dahinter in der Mitte ihrer Grundstücke stehen. Kaufmann Widrig Architekten passten nicht nur Anlage und Geo-

Oben: Der Kiesplatz unter der Platane neben dem Haus ist der Lieblingsort
der Architekten. Der Hausherr schaut gern aus dem
Lärchenholzinterieur seines Wohnzimmers den an- und ablegenden Schiffen zu (links).
Auf der linken Seite eine Materialstudie der Stahlfassade.

metrie an die Nachbargebäude an, ebenso Bautechnik und Materialien. „Die
stählerne Außenhülle und der hölzerne Innenausbau erinnern an Schiffsarchi-
tektur", sagen die Entwerfer. „Sie sind außerdem eine abstrakte Anlehnung an
die Materialisierung der Bootshäuser." Alle Wände und Decken des Innen-
raums sind mit gediegenen Lärchenholztafeln verkleidet. Der Kontrast zur
rostroten Fassade und zur Landschaft könnte kaum größer sein. Andererseits
passt die rottonige Lärche gut dazu. Ein weiteres starkes Element sind die
geölten Betonfußböden.

Das Haus liegt in Thonon, am französischen Südufer des Lac Leman, nicht weit
von Evian. Das bedeutet: Durch das 5,50 Meter hohe Fenster des zweigeschossigen Wohnraums zum See blickt man nach Norden. Der Essbereich, eine Küche, offene Flure und ein Arbeitsareal auf der Galerie schließen sich an den bis
zu 8,30 Meter hohen Wohnbereich an. Das Raumangebot wird so in der ganzen
Länge und Höhe ausgenutzt. Nicht nur vom Wohnraum aus sieht der Hausherr
den ganzen Tag die Schiffe Richtung Lausanne am benachbarten Steg an- und
ablegen. Wenn er an seinem Schreibtisch auf der Galerie sitzt, profitiert er
ebenfalls von dem viergeteilten XXL-Fenster Richtung See.

Die Stahlplatten verkleiden eine vorgefertigte Holzkonstruktion in einer Weißen Wanne. Von außen wirkt der langgestreckte Bau auf der schmalen Parzelle
wie eine Addition verschiedener Baukörper, was er, betonen die Architekten,
aber nicht ist. Durch die nach hinten abgesetzten Räume erzeugten sie vielmehr kunstvoll mehrere Oberlichter in den klug durchfensterten Sheds, die
zusätzlich etwas Südlicht ins Interieur bringen. In der rostroten Villa stecken
305 Quadratmeter Wohnfläche. Das Untergeschoss – u.a. mit einer Sauna und
einem weiteren Atelier – ist hier noch gar nicht mitgerechnet. Und natürlich
nicht der Kiesplatz draußen unter den Platanen, den die Architekten zu ihren
Lieblingsorten zählen. ——

HAUS AN DER

STUDIO GRANDA planten auf Island
für eine Familie ein komfortables Leben
in höchst abweisender Natur.

GRÖNLAND-
SEE

SAUÐAKROKUR —— 2008

Architekt Steve Christer nahm den Basalt für die
Fußböden original vom Grund der Baustelle. „Basaltsäulen sind in
Island eine Natursehenswürdigkeit. Wir ließen den Stein
zuerst in Reykjavik schneiden. Dann brachten wir die Platten zurück
und verarbeiteten sie im Haus." Hier das Wohnzimmer.

„Das perfekte Glück?
Hier auf der Fensterbank
sitzen und zusehen, wie
die Mitternachtssonne
auf dem Ozean tanzt."

STEVE CHRISTER ——

Das Haus am Ende der Insel ist halb Ranch und halb Villa. Nur zweimal in der Woche fliegt ein kleiner Propeller-Jet aus Reykjavik in die nordische Einsamkeit an der Grönlandsee. Architekt Steve Christer, der in der Hauptstadt mit Ehefrau Margrét Hardardóttir Islands prominentestes Architekturbüro Studio Granda leitet, verbrachte deshalb mehr als einmal unerwünschte Pausen im höchsten Norden, zwischen Sturm und Schnee. „Selbst für einen Architekten aus Reykjavik ist ein Haus an der Grönlandsee eine sehr ferne Baustelle!"
Christer hat an der Architectural Association in London studiert. Drei Jahre baute der Engländer an dem Holzhaus in Hof bei Sauðakrokur für eine fünfköpfige Familie. Der Bauherrin war es in Reykjavik zu betriebsam geworden.
„In Islands Architektur gibt es nicht so viele Muster und Traditionen wie anderswo", sagt Christer. „Das ist gut und schwer zugleich. So trifft der Architekt alle Entscheidungen, und nicht die Geschichte." Während in Islands unbewohntem Inselinneren die Kräfte der Natur ungestört walten – Lavafelder, Vulkane, Wasserfälle und Geysire – trifft man hier an der Nordküste auf bunte Häuser, kleine Seen, baumlose Weiden, lang gezogene Tafelberge und einen mächtigen Fjord.
Auf die extreme Dramatik, die diese karge Landschaft ausstrahlt, fanden der Architekt und seine Auftraggeberin eine gemeinsame Antwort: maximale Einfachheit. Nach langem Überlegen bettete man das Haus in einer gewissen Entfernung zum Wasser so, wie es heute hier steht – klug, schön, kräftig, ausdauernd und hart im Nehmen. Christer situierte es zaunlos in eine wallartige Aufschüttung und legte die Zimmer nach den Ausblicken fest. Die sollen immer perfekt sein, wenn sich die häufig dichten Nebel lichten! Im Winter ist es hier am Polarkreis stockdunkel und oft – 20 Grad kalt. Dann sind Mystik und Magie, Träume von bösen Trollen oder guten Feen nicht weit.
Die entscheidenden Landmarken für den Grundriss gaben die Vulkaninseln Drangey und Málmey, die glitzernde arktische See und der Gletscher Unadalurjökull vor. Auch ein alter Schafstall und der Leuchtturm bekamen als Referenzpunkte ihr topografisches Gewicht eingeräumt. Und – in 500 Meter Entfernung – das Pferdeparadies. Von Küche und Esstisch hat man Koppel, Stall und die neue Reithalle stets im Blick. Diese ist nicht nur Passion, sondern täglicher Arbeitsplatz. Die Islandpferde der Hausherrin sind klug, schön, kräftig, ausdauernd und hart im Nehmen – genau wie das Haus. Studio Granda trotzte das Haus in jahrelanger Arbeit der Natur ab. „Auf Island baut man noch mehr als anderswo mit Wind und Sonne. Gegen sie geht gar nichts." Den Grill auf dem fjordseitigen Hof kann man trotzdem nie

Im Freien wird das Steinplattenmuster locker fortgesetzt. Der Sichtbetonflur (unten) wird nur von kleinen Skylights belichtet.

Durch schützende Torf-Aufschichtungen, die an alte isländische
Bauernhäuser erinnern, wirkt das Haus wie eingegraben. Begrünte Dächer betten
die Architektur zusätzlich ein.

SCHNITT

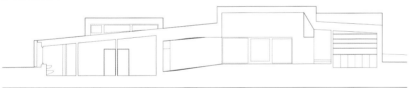

ERDGESCHOSS

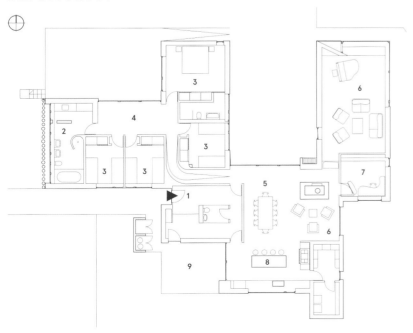

TECHNISCHE DATEN

Studio Granda Architects

Grundstücksgröße:
50,8 ha
Wohnfläche:
294 m²
Bewohner: 5
Energiekonzept:
Passivhaus, hochgedämmt,
Geothermie

LEGENDE

1 Zugang
2 Bad
3 Schlafen
4 Spielen
5 Essen
6 Wohnen
7 Arbeiten
8 Kochen
9 Terrasse

Auch das Bad links schmücken die polierten Basaltplatten aus erstarrter Vulkanlava.
Die Marmorfliesen darüber sind betont unregelmäßig verlegt. Unten die Wohnküche.
Oben die Hausherrin Liljja Pálmadóttir mit Sennenhund Bingo.

nutzen. Zu rasant rast der Wind aus der Prärie in alle Nischen. „Hier gibt es wahre Tornados. Das Dach widersteht Extremlasten", erklärt Christer.

Das meiste Material wurde extra gebracht, was oft lang dauerte. Denn es gibt in ganz Island weder Fertigbeton- noch Holzindustrie. So kamen die eichenen Deckenbalken per Schiff aus England. In Island können nur Alaska-Pappeln und Birken gut wurzeln. Ungeschützte Anpflanzungen werden von Schafen weggefressen. Neben dem Holz für solide Fenster, Tische und Einbaumöbel wurden auch die beigegrauen Zederndielen für die Außenfront importiert. Die silbrigen Latten und das Gras auf dem Dach verbergen das Haus in der Landschaft. Die Torf-Aufschichtungen, die an alte isländische Bauernhäuser erinnern, betten die Architektur zusätzlich ein.

Der Hausherrin war wichtig, dass die alte Farm ihrer Großeltern das Gesicht des Anwesens auch in Zukunft bestimmte. Das neue Haus ordnet sich dem Ensemble unter. Die verschiedenen Holzoberflächen der Fassade sind mal flach, mal dreidimensional, mal gewölbt. Ihr Zutun zu Studio Grandas eingeschossiger Komposition aus schwarzen Basaltböden, Sichtbeton und elegant alternden Hölzern waren viele bunte Elemente im Inneren. „Ich könnte nicht in steriler Eleganz wohnen". Als Künstlerin malt sie, formt Skulpturen und Reliefs – alles sinnlich, organisch, oft amorph.

Die gemeinsame Leidenschaft fürs Detail erschließt sich am besten in den Basalt-Platten, die die meisten Böden im Haus bedecken. Sie behielten ihre hexagonale Urform. Schlanke Basaltsäulen sind in Island eine Natursehenswürdigkeit. Steve Christer: „Wir nahmen den Stein original vom Grund der Baustelle, ließen ihn in der Hauptstadt schneiden und brachten ihn dann zurück." Ein begabter Kunsthandwerker zauberte dann das Steinmuster, das den Basalt wie den Korpus einer Riesenschlange wirken lässt.

So lässt es sich in der Einöde an der arktischen See und am Polarkreis, die beinahe eine Wildnis ist, aushalten: Wenn man ein Haus hat, das einen vollständig ausdrückt. Und wenn man mit Kindern, Natur und Pferden rund um die Uhr beschäftigt ist. ——

STARNBERGER SEE —— 2008

BEACH HOUSE

Fischerhütten bieten die Möglichkeit, zwischen Tradition und Gegenwart zu vermitteln. Architekt **TILL BOODEVAAR** und **ARNOLD WERNER** Innenarchitekten erkannten am Starnberger See bei der Neugestaltung eines kleinen Holzdomizils das Potenzial für ein lässiges Strandhaus.

SCHNITT

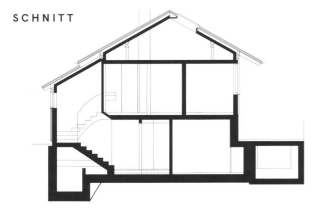

LAGEPLAN

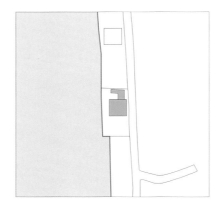

TECHNISCHE DATEN

Arnold / Werner
Sascha Arnold,
Steffen Werner

Grundstücksgröße:
ca. 250 m²
Wohn-/Nutzfläche:
75 m² /40 m²
Bewohner: 1 - 2
Energiekonzept:
Kaminofen auf zwei Ebenen

ERDGESCHOSS

OBERGESCHOSS

LEGENDE

1 Zugang
2 Wohnen/Kochen
3 Sauna
4 Lager
5 Gäste
6 Terrasse
7 „Abendwohnzimmer"
8 Schlafen
9 Ankleide
10 Bad

Chillen, Loungen, Leben: Rund 75 Quadratmeter Wohnfläche am Wasser genügen dem jungen Unternehmer, weil sie perfekt auf seine Bedürfnisse als Sportler zugeschnitten sind. Die elegant vertäfelte Rückwand im Obergeschoss verbirgt Bett, Bad und Ankleide.

Blick nach Süden. Der Grill im Hintergrund hat selten Ruh'.
Unten das Terrassendeck mit den Sportgeräten des Hausherrn.

Eine Sonderfom der Behausung am Wasser stellt die Typologie der Fischerhütte dar. Am Ostufer des Starnberger Sees wurde 2008 ein marodes, über 100 Jahre altes Fischerhaus durch einen Neubau ersetzt. Dieser musste sich exakt in den alten Umriss fügen. Entstanden ist eine 75 Quadratmeter kleine Oase des Lebensstils direkt am See, die einem Unternehmer als Wohnhaus genügt und als Ausgangspunkt für diverse Wassersportarten dient.

Hier hat sich jemand getraut, der Tradition innerhalb der erlaubten Kubatur mit zeitgemäßem Chic und Stil zu begegnen. Das Holzhaus wurde von dem Architekten Till Boodevaar in Beton als Weiße Wanne auf der Kiesschicht fundamentiert. Das Erdgeschoss ist Stahlbeton, das Obergeschoss ein Massivholzbau. An allen Fassaden fand Zedernholz Verwendung. Das Deck trägt Ipe-Bohlen, die Fensterrahmen wie die Einbauten des Interiors und die Böden sind aus Teak. Das Haus wurde außen und innen an die gewünschte Nutzung als Strandhaus angepasst. Zur Straßenseite ist es unauffällig, Passanten werden von den theatralischen Villen des 19. Jahrhunderts abgelenkt, die hier gegenüber am Hang stehen.

Die Architekten wurden beauftragt, das Beach House zum See weit zu öffnen und beide Geschosse großformatig zu verglasen. Die Wohnetage im Erdgeschoss und die Schlafetage oben bestehen aus je einem großen Raum mit Terrasse. Sascha Arnold und Steffen Werner haben auch den Wunsch erfüllt, so viel wie möglich einzubauen: In die zeitgenössisch vertäfelte „Rückwand" sind parterre in sehr eleganter und raffinierter Weise ein Gästezimmer und Stauräume sowie im Obergeschoss eine Schlafkoje für den Hausherrn, Ankleide und Bad in die Wand integriert. Das Teak-Parkett ist im Stil eines Bootsbodens mit schwarzer Fugenmasse behandelt. Kühlschrank, Fernseher, Container auf Rädern: alles rollbar, nahtlos wie im Bootsinterieur verstaut, perfekt eingelassen oder nach Maß gebaut. Die Küche mit einer einfahrbaren Arbeitsfläche passt in dieses ausgesprochen praktische Design, zu dem der Hausherr seine genauen Vorstellungen beigetragen hat: „Ich wusste sogar schon, wo ich die Nische für mein Telefon haben will."

„Oft bin ich frühmorgens schon auf dem See und fahre danach mit nassen Haaren ins Büro. Besser kann ein Arbeitstag gar nicht anfangen!"

DER HAUSHERR ——

Die große Wohnfläche glänzt mit Tischen und bequemen Sitz- und Liegegelegenheiten zum Arbeiten, Chillen und Loungen. Sie befindet sich zwei Stufen unterhalb des Decks mit der Terrasse und der Holztreppe für den Seezugang. Die einzeln je 4 bis 6 Quadratmeter großen Fenster können als Schiebetüren weit geöffnet werden und erzeugen hier ein einzigartiges Strandgefühl. Zwar sieht man das andere Ufer, aber dies bleibt beinah die einzige See-Assoziation in dieser nachgerade maritimen Anordnung.

Der Unternehmer kann hier seine Wassersportleidenschaften täglich mit Blick auf die Zugspitze ausleben – er ist begeisterter Windsurfer, Wasserskifahrer und Pionier des sogenannten Stand-up-Paddling. Gern fährt er von hier aus, sozusagen mit noch nassen Haaren in sein Münchner Büro. Neben dem Haupthaus gibt es einen kleinen Schuppen mit Mini-Sauna sowie einem Lager für die Boards. Und einen Liegeplatz auf dem Kies für das Motorboot (zur Slip-Anlage ist es ein Stück). Der Grill draußen, erzählt der Hausherr, sei fast täglich in Betrieb – seine Küche brauche er im Sommer kaum. Das Gleiche gilt für das Bad – von April bis Okober zieht er seine extra installierte Draußendusche vor. ——

IBIZA —— 2004

CASA AIBS

<u>BRUNO ERPICUM</u>
pflanzte klassisch moderne und
zeitgenössische Architekturmerkmale
in die szenische Aura
eines mediterranen Kliffhauses ein.
Das Ergebnis ist
buchstäblich der Gipfel.

My Private Ibiza: Dramatik kann hier bedeuten, auf 159 Meter
über dem Mittelmeer zu wohnen.

Seine Villen sind groß, kühl, blendend weiß und huldigen der Moderne. Viele stehen in Belgien. Etwa fünfzehn finden sich auf der Baleareninsel Ibiza. Die Casa AIBS ist eine dieser zeitgemäßen Fincas des Architekten Bruno Erpicum. Und eine der Schönsten. Sie liegt auf einem Kliff über der Nordküste. Das Zusammenspiel mit der Landschaft macht sie zu Erpicums aufregendster Komposition. Der die Villa sowohl überragende wie unterfangende Granitfels gibt ihr 159 Meter über dem Mittelmeer einen einzigartigen Touch.

Erpicums Flachdachbauten haben mehr mit Richard Neutra oder Le Corbusier zu tun als mit rustikalen Bauernhäusern. Swimming Pools, Reflecting Pools oder schmale, flache Teiche begleiten die extrem langen, orthogonalen Baukörper. Auch im Fall der Casa AIBS ist, neben den sich durchdringenden Kuben mit den aufgelösten Glasfronten, eine solche Wasserfläche zum Schwimmen und Staunen eines der wichtigsten Elemente.

Als besonders gelungener Kunstgriff tut hier der Infinity Pool seine Wirkung: Der Brüsseler Architekt und sein Atelier d'Architecture lassen die Sonne gewissermaßen täglich im Beckenwasser untergehen. Man sollte dafür nur an der richtigen Stelle sitzen. Sonst muss das Schwimmbassin seitlich des Hauses nur die Natur als Nachbarn ertragen. Wer sich im Lounge Chair des darüber liegenden Schlafzimmers rekelt, übersieht durch ein Bildschirmfenster bequem wie aus einer Loge die Szenerie: Das Leben am Pool, die Felsen, die mediterrane Hangvegetation. Von hier aus betrachtet scheint sie rasant ins Meer zu stürzen.

„Am liebsten ist es mir, wenn die Architektur die einzige Dekoration ist", sagt der Minimalist Erpicum. Sobald er Baumassen gliedert, entstehen deshalb oft scheinbar endlos gezogene oder in enorme Höhen schießende Räume. Weiße Mauern ragen in die Landschaft, ohne etwas zu umgeben. Lichtschlitze und -öffnungen definieren und dramatisieren. Küche, Betten, Schränke, Türen ließ Erpicum für die Casa AIBS nach eigenem Entwurf vom einheimischen Kunsthandwerker Gregorio nach Maß schreinern.

Für die Casa AIBS inspirierte sich Bruno Erpicum auch bei Le Corbusier.

Ein Ort bildet den idealen Baukörper
aus sich selbst heraus, davon ist Bruno Erpicum überzeugt.
Man muss ihn nur lassen. Hier der Masterbedroom.
Wie in allen anderen Räumen
ist der Fußboden mit Schieferplatten bedeckt.

„Ich lausche immer als Erstes.
Das Grundstück erzählt mir von selbst,
wie es die Villa will".
BRUNO ERPICUM ——

ERDGESCHOSS

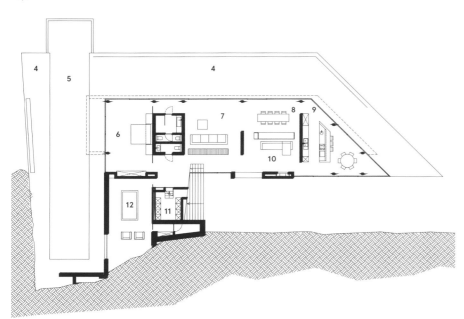

OBERGESCHOSS

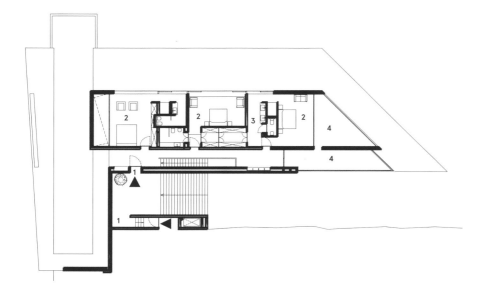

SCHNITT

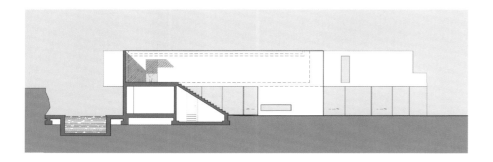

TECHNISCHE DATEN

Atelier d'Architecture
Bruno Erpicum & Partners

Grundstücksgröße:
2.000 m²
Wohnfläche:
450 m²
Nutzfläche:
250 m²
Bewohner: 6

LEGENDE

1 Zugang
2 Suite
3 Bad
4 Terrasse
5 Pool
6 Schlafen
7 Wohnen
8 Essen
9 Kochen
10 Kamin
11 Hauswirtschaftsraum
12 Billard/Heimkino

Diese festen Einbauten sind blockhaft und monolithisch wie die Architektur. Nur ihre hellbraunen Hölzer wirken weich und warm.

Ausgleich bekommt die geradlinige Monumentalität des Baus in den figuralen Kunstwerken und Möbeln der Hausherren. Den wahren Spiegel findet die Casa jedoch in der Natur: Ein Haus ohne Nachbarschaft in die Felsen integrieren zu dürfen, ist Einladung und hohe Kunst zugleich. Wie verbirgt man Zuleitungen und Fundamente? Wie bettet man Beleuchtung und Fassade ein? Wie geht man von einer derart zerklüfteten Natur in die Wohnkultur über?

Hier geschieht das über die vielen Stufen, die das Haus über einen Naturweg mit steilen Abhängen erschließen. Drinnen setzt sich diese Treppe einfach fort. Manchmal legt Erpicum ganze Lavendelfelder auf Terrassen an oder pflanzt Pinien in Höfe. Hier bezieht er einen Olivenbaum auf dem Kliff mit ein ins Bild. Und der Patio bekommt eine Wand umsonst – sie wird von dem Felsen, auf dem der Baum thront, gestellt.

Interne Pfade erobern die Architektur. Deren Komponenten hat der Architekt freigelegt: Die Volumina sind streng organisiert. Sie knüpfen an die Aura der Zwanzigerjahre des vergangenen Jahrhunderts an. Ihre Anordnung erinnert an die Planiti, Architektonen und Geometrien von Kasimir Malewitsch und an die geometrische Plastizität der bauenden Vertreter von De Stijl. Andere Elemente zitieren Le Corbusier – wie das lange Fenster (Abb. 7, S. 8). Das Schlafgeschoss dahinter ruht auf Pilotis. Die schlanken Pfeiler, die in einem Betonfundament gründen, stehen allerdings innerhalb des verglasten Wohnraums.

Erpicum verklammert diese Motive der klassischen Moderne in einer überzeugenden Geste mit zeitgenössischen Merkmalen des Architekturminimalismus – der alles rahmende Fassadenumschlag, das Bildschirmfenster. ——

LAGEPLAN

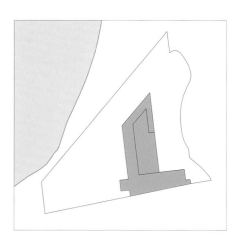

Durchblicke und senkrechte Scheiben
akzentuieren den großen Wohnraum. Im Hintergrund
Essbereich und Küche.

DAEYANG RESIDENCE AND GALLERY

SEOUL —— 2012

Vom Klang des Lichts und der Farben:
Ein experimentelles Wohnhaus
mit Galerie in den Hügeln Südkoreas
vertraut einem künstlichen Wasserfeld
sein flatterndes Licht und seine
Schatten an. Architekt **STEVEN HOLL**
ließ sich von Musikskizzen leiten.

Das rote Bambusholz des Interieurs prägt neben Glas, Kupfer und dem Element Wasser den Stil des Ensembles.
Unten Architektur, die auf den Teppich kommt: Der Grundriss taugt auch als Muster.

In den Hügeln über der Hauptstadt Seoul verwirklichte Steven Holl eine private Residenz mit Kunstgalerie im Untergeschoss auf insgesamt 994 Quadratmetern. Eine große künstliche Wasserfläche beherrscht das neue Haus. Sie dient als Achse für Spiegelungen und Lichtreflexionen sowohl in der Galerieetage wie an den Wänden der höher liegenden Wohnkuben im Obergeschoss. Das private Raumprogramm – je ein Pavillon für Empfang, Wohnen und Events – war eine ungefähre Vorgabe, die der Architekt frei ausführen durfte. Durch den künstlichen Teich, der die Gebäude weiträumig umfasst, erscheinen die Baukörper, die beachtliche Volumina haben, leichter und lockerer.

Der experimentelle Bau im Auftrag der Daeyang Shipping Company vollzog sich parallel zu dem Forschungsprojekt „The Architectonics of Music". Der New Yorker Architekt bezog die Idee für die Geometrien seines Gebäudes aus einer Skizze des Komponisten Istvan Anhalt zur „Symphonie der Module" von 1967, die er in einem Buch von John Cage entdeckte. Wie schon in anderen Projekten nutzt Holl wieder Begriffe aus einem Wissenschaftsdiskurs, die sein Gebäude dann atmosphärisch mitbestimmen - wie es Titel bei Bildern oder Liedern tun.

Die Aktivierung des Raums durch das Licht ist das Thema des Baus. Die Pavillons bekamen in ihren Flachdächern zusammen 55 lange streifenförmige Einschnitte als Skylights. Dadurch wird die gewünschte Lichtphänomenologie erst möglich. Von oben oder auch von der Seite betrachtet kann man die Glasstreifen und ihre Schatten, die von der Sonne oder von künstlichem Licht auf das Wasser

geworfen werden, für Klaviertasten, für Saiten von Streichinstrumenten oder für Notenzeilen halten. Ihr stetes Flackern belebt das Gebäudeensemble. Fünf Glasstreifen pro Pavillon sorgen im Innern für eine natürliche, sich ständig ändernde Lichtchoreografie im Lauf der Tages- und Jahreszeiten. Alle Proportionen orientieren sich an den Zahlen 3, 5, 8, 13, 21, 34, 55 – der sogenannten Fibonacci-Folge.

Der neue Entwurf bestätigt Steven Holls Ruf, Physik und Poesie zusammenzubringen. Während die ordnende Hand des Architekten die Regeln vorgibt, vollzieht sich das Schauspiel scheinbar allein durch Wasser und Licht. Die Interieurs, auch die Decken sind aus rotem Bambusholz, die Skylights schneiden hindurch. Das Kupfer der Außenhaut ist speziell behandelt und altert natürlich. Der hohe Sockel des Gebäudes ist aus strukturiertem Sichtbeton.

Ohne Wasser wäre das Spiel des Lichts nur die Hälfte wert. Die „Reflecting Pools" vervielfachen die Wirkung der Einschnitte – ein impressionistischer Gegenentwurf in der rationalen Architekturwelt. Kleine Glaslinsen in den Böden der Pools werfen Reflexe auf die weißen Granitböden und Gipswände der darunter liegenden Galerie und erzeugen ein Unterwassergefühl wie im Aquarium. Oben ist es eher wie an einem Fluss: „Besucher öffnen eine Tür, steigen die Treppe hoch und kommen dann an einer Bambusmauer im Eingangshof an", sagt Steven Holl. „An dieser zentralen Stelle sehen sie die drei Pavillons, wie sie scheinbar auf ihren eigenen Lichtreflexen davondriften." Nur Hineinspringen und Schwimmen, wozu das Szenario durchaus einlädt, ist leider nicht vorgesehen. ——

Der Zufall komponiert mit!
Dem Musiker John Cage hätten die vielen natürlichen
Lichtwechsel des Entwurfs gefallen.
Oben eines der Aquarelle, mit denen Steven Holl
alle seine Projekte begleitet. Es zeigt den Wohnpavillon.
Unten die Eventfläche.

ERDGESCHOSS

UNTERGESCHOSS

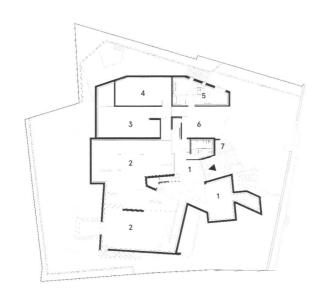

SCHNITT

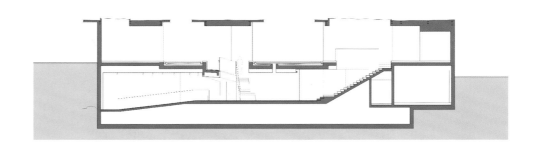

LEGENDE

A Wohnsitz
B Eventfläche
C Rezeption

1 Zugang
2 Galerie
3 Atelier
4 Technik
5 Hausmeisterwohnung
6 Garage
7 Wasserfläche
8 Schlafen
9 Ankleide
10 Kochen
11 Schlafen/Bibliothek
12 Terrasse
13 Konferenzraum
14 Essen
15 Wohnen

TECHNISCHE DATEN

Steven Holl Architects

Grundstücksgröße:
1.760 m²

Geschossfläche:
994 m²

Anzahl Bewohner:
2

Aufgang von der Galerie in den Empfangspavillion.
Auf der linken Seite oben noch eine Skizze.

CASA

CAPRI —— 2008

THUN

Fast jedes Wochenende flüchtet
MATTEO THUN aus der
„Fabrik" Mailand. Im Winter trifft
der Architekt seine Familie in den
Engadiner Bergen, im Sommer
zieht es die Thuns ans Tyrrhenische
Meer. In ihr wunderbares Haus
auf der Insel Capri.

Das Gästehaus leuchtet rot – wie die nur wenige hundert Meter entfernte Casa Malaparte.

Zivilisationsüberwucherung als Konzept: Vom Meer aus sieht man die Casa Thun gar nicht mehr.
Bougainvilleen und andere Pflanzen (unten) überwachsen Fassaden und Pergola. Oben der Pool.
Die Leiter aus Kastanienholz führt zu einem gemütlichen Freisitz.

Der Umbau des alten Bauernhauses auf Capri, 15 Geh-minuten und 150 Stufen von der nächsten Straße ent-fernt, war für Matteo Thun keine kleine Herausforde-rung. Es gibt hier nicht die Möglichkeit, wirklich effizient zu bauen. Weil alles, was man verarbeiten will, auf den Schultern hochgetragen werden muss. „Das ist eine fantastische Selektion, die meine Frau Susanne, meine beiden erwachsenen Söhne und mich auf Capri gezwungen hat, so wenig wie möglich umzubauen und einzurichten." Was das heißt? In diesem Ferienhaus, das die Thuns an vielen Sommerwochenenden als Familientreffpunkt nutzen, findet sich aus ganz prak-tischen Transportgründen kaum Unnützes. „Alles ist pure Essenz – Dinge, die man zum Essen, Schlafen und Sitzen braucht. Selbst das Papier, das ich für meine Zeichnungen brauche, ist immer am untersten Limit des Gewichts."

Der oftmalige Aufstieg zum Haus findet seinen Lohn in einer grandiosen Aussicht über die Bucht der Marina Piccola im Süden Capris. Links sieht man die berühmten Faraglioni-Felsen aus dem Meer ragen, rechts tummeln sich den ganzen Tag über Boote und Yachten, auf deren hektisches Rangieren man von hier oben einen höchst gelassenen, ja erhabenen Blick hat. Aus Viehstall, Zis-terne, Hühnerstall wurden Wohn- und Schlafzimmer. Geländer, Leitern, das Pergola-Gerüst – sie sind, wie auf der Insel üblich, alle aus Kastanienholz. Alle zehn Jahre muss man es ersetzen. Der Fußboden ist durch-gehend aus hellem Naturstein. „Es gibt eigentlich auch keine großen Ideen", untertreibt der Hausherr und Architekt. „Nur die, dass jedes Familienmitglied ein

TECHNISCHE DATEN
Matteo Thun & Partners

Grundstücksgröße:
1 ha
Wohnfläche (Haupthaus):
220 m²
Bewohner: 4
Energiekonzept:
Solarenergie für Haus
und Pool

Einfach mal nichts Thun!
In Mailand haben Susanne und Matteo Thun genug Arbeit
und Trubel. An ihren Wochenenden auf Capri lassen
sie die Seele baumeln. Rechts unten die Terrasse vor dem Gästehaus.
Die Fliesen sind von der Amalfiküste.
Auf der linken Seite Aquarelle des Hausherrn
von seinem Haus und der Umgebung.

Schlafzimmer Richtung Meer hat und ein Bad Richtung
Berg. Und wir haben ein gemeinsames Wohnzimmer,
auch Richtung Meer."
Ein zeitgenössisches Haus, ein Matteo-Thun-Haus,
wurde dieses zweigeschossige Capreser Bauernhaus
trotzdem. Obwohl es nur einen wirklich großen architektonischen Eingriff gab, wie der Hausherr betont.
Ein großer Stahlträger musste zum Unterfangen einge-
setzt werden. Neben dem Haus lockt ein Infinity Pool.
Auf dem Vorsprung darüber ist einer von Thuns Lieb-
lingsplätzen: Hier macht er vormittags Pilates-Übun-
gen. Links am Haus entlang führt eine Treppe, neben
der ein zurückhaltendes Gästehaus errichtet wurde.
Es trägt die Farbe Rosso Pompejano – wie die berühmte, nur wenige hundert Meter entfernt auf einem
Felsen im Meer gelegene Casa Malaparte (Abb. 8, S. 8).
Sie ist Thuns absolutes Lieblingshaus aus der Zeit der
Moderne. „Das Einzige, was ich auf der Insel nicht
mag, sind die grellweißen neo-capresischen Bauten.
Ich lehne diesen sogenannten Capri-Stil ab. Es gibt
wenige, fantastische alte Bauernhäuser hier, die sind
gekalkt. Aber ein Haus wie dieses sollte eigentlich un-
sichtbar bleiben. Wir wollten, dass es sich versteckt.
Wenn jemand vom Meer hochschaut, findet er es
kaum. Und das ist gut so."
Das gelang vor allem mithilfe einer üppig angelegten
Vegetation aus Bougainvilleen, Zitronenbäumen, Gly-
zinen, Jasmin. Es gibt eine Boccia-Bahn zwischen Aga-
ven und Kakteen. Und schon den Weg vom Gartentor
zum Hauseingang versüßen duftende Kräuter, von La-
vendel bis Rosmarin. Auf Capri sind die Thuns deshalb
fast eher als Gärtner unterwegs denn als Designer. Am
liebsten verteilen sie sich über die Terrassen, von denen es verschwenderisch viele gibt: eine auf dem
Flachdach, eine mit Esstisch direkt vor dem Haus, eine
Pergola zum Kaffeetrinken daneben, die Poolterrasse
und den Sitzplatz am Gästehaus vor den bunten Amal-
fi-Fliesen. Oder die Familie genießt das Meer – sie
kennen sogar einen Platz, wo man an Weihnachten
noch baden kann. Und die Berge. Matteo Thun wird

nostalgisch, wenn seine Söhne gleich hinterm Haus im Kalkstein klettern und über dem Wasser Freeclimbing betreiben. „Das ist hier ein ähnlicher Stein wie der Dolomit, an dem ich in meiner Heimat Südtirol die ersten Kletterübungen machte."

Diese Casa ist der Natur auf allen Ebenen untergeordnet. Die wichtigsten Fragen waren: Wo stelle ich einen Tisch auf, damit er morgens Sonne hat und nachmittags Schatten? Wo pflanze ich die Bougainvilleen und in welcher Farbe? Wo ist die beste Sonneneinstrahlung für einen Kaktus und wo für einen Olivenbaum? „Alles keine klassischen Architekturkriterien!", lacht Susanne Thun. „Unser Haus auf Capri ist vergleichbar mit einer Biwakschachtel auf einem Gletscher", ergänzt ihr Mann. „Auch dort kannst du nur mit dem Minimum arbeiten, weil es zu schwierig ist, das Material nach oben zu bringen." Einfachheit als Thema. Auf diese Weise konnte auch ein Haus fast ohne Holz zum typischen Thun-Haus werden. ——

Matteo Thun wollte diesem Ort so wenig Architektur wie möglich anfügen.
Das Leben ist dennoch komfortabel. Jeder hat ein eigenes Zimmer zum Meer und ein Bad zum Berg.
Unten das große Wohnzimmer mit dem Fußboden aus Pietra serena di Val Malenco.
Der Barockspiegel ist neapolitanisch, die weißen Holzstühle sind Originale aus Chiavari.

„Mein Lieblingsplatz ist hier überall."

MATTEO THUN ——

„Dieses Haus liegt genau richtig", sagt Matteo Thun.
„Nicht 10 Meter über dem Meer, wo Feuchte ist,
und nicht 500 Meter, so dass man die Sachen kaum noch
auf den Schultern hochtragen kann".
Hier der Blick von der Pergola auf die Boote vor der Marina Piccola.
Im Juli blüht die Bougainvillea purpurfarben.

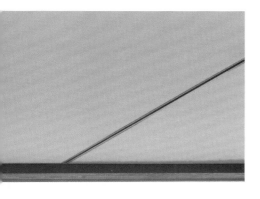

VILLA

BERLIN —— 2007

AM OBER-SEE

Am Ufer eines kleinen Berliner Sees entstand in Nachbarschaft zum Land- haus Lemke von Mies van der Rohe ein metallisch glänzender Kubus. Die Villa mit Einliegerwohnung von **BARKOW LEIBINGER ARCHITEK- TEN** ist ein Materialexperiment.

Bauen, aber nicht stören:
Die Villa von Barkow Leibinger fügt sich selbstbewusst,
wiewohl rücksichtsvoll in ihr heterogenes Umfeld.
Links spitzt die Backsteinfassade von Mies van der Rohes
Landhaus Lemke durch.

SCHNITT

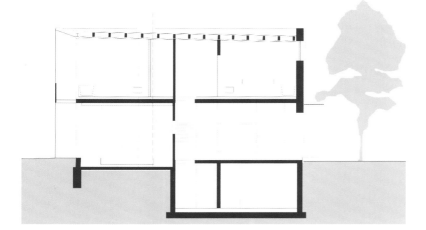

LAGEPLAN

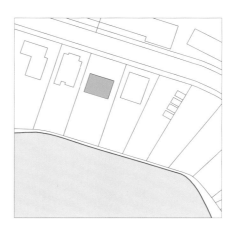

TECHNISCHE DATEN

Barkow Leibinger Architekten

Grundstücksgröße:
1.157 m²
Wohn-/Nutzfläche:
264 m²/313 m²
Bewohner: 1
Energiekonzept:
KfW 60, Erdwärme, Photo-
voltaik vorgerichtet

LEGENDE

1 Zugang
2 Schlafen
3 Wohnen
4 Essen
5 Lager
6 Arbeiten
7 Kino
8 Gäste
9 Kind

ERDGESCHOSS

OBERGESCHOSS

Glanzvoll: Die versilberten Mosaikfliesen prägen die Straßenfront.
Unten der dominante Kamin im offenen Wohnraum vor dem Uferpanorama.

Sie wurde schon das „vielleicht aufregendste Haus von Alt-Hohenschönhausen" genannt.[1] Die Berliner Architekten Frank Barkow und Regine Leibinger entwarfen die Villa für einen deutschen Filmregisseur. Er könne hier nachts um drei einsam um einen See joggen, der nur zwölf Minuten vom Alexanderpatz entfernt sei[2], schwärmte der über seinen Neubau. In einem heterogenen Stadtviertel, welches das Leben im neuen Berlin mit Gründerzeitvillen, Relikten der Sowjetbesatzung und DDR-Plattenbauten zusammenbringt, war das silbern schimmernde Haus mit über 300 Quadratmetern Wohnfläche direkt am Wasser eine gelungene Überraschung.

„Ausgangspunkte für unseren Entwurf waren die Atmosphären an den vier sehr unterschiedlichen Seiten des Grundstücks", so die Architekten. Die Nordfassade verschließt sich zur Straße und gibt nur partiell Einblicke frei. Die Fenster sind hier lukenartig oder schlitzförmig. Ost- und Westfassade sind, wie die Straßenseite, mit runden, versilberten Mosaikfliesen verkleidet. Außen spiegeln diese auf attraktive Weise Himmel, Bäume und Wasser. Für die Bewohner leiten große quadratische Fenster die seitlichen Blicke an der dich-

ten Besiedelung vorbei ans Seeufer. Die Südfassade wiederum besteht nur aus Fenstern und öffnet sich aus allen Räumen zum Obersee. Durch die zweistöckige Erschließung mit viel Luftraum, Terrassen und Balkonen wird ein fließender Übergang zwischen Wohnraum und Garten erzeugt.

Der Auftraggeber nutzt sein Flachdachhaus zum Wohnen, um Gäste zu unterhalten und als Arbeitsstudio. Die große Living Area reicht über zwei Etagen. Essbereich und Küche sind mit dem dominanten Kamin und der Sitznische räumlich verbunden. Die Bibliothek auf der Galerie gehört ebenfalls zu dieser gefühlten Einheit. Alle Schlafräume sind oben und gehen Richtung See oder zur Straße. Die Einliegerwohnung nutzen Familienmitglieder oder Freunde.

Das schmale Hanggrundstück war leer, als der Bauherr es kaufte. Nebenan steht noch ein Haus der ursprünglichen Villenkolonie. Der künstliche See wurde 1895 als Wasserspeicher und Eislieferant für eine Brauerei angelegt. Der L-förmige Bungalow von Mies van der Rohe aus dem Jahr 1932, die Villa Lemke, eines seiner sogenannten Hofhäuser, ist das übernächste Haus. Diese Nachbarschaft forderte den ambitionierten Architekten, die nicht nur in Deutschland mit materiell und technologisch innovativen Großprojekten hervortreten, für die neue Villa einige besondere Einfälle ab. So gestalteten sie ihr formal eher unauffälliges Haus auch jenseits der silbern glänzenden Oberflächen mit schönen, experimentellen Materialideen. Alle Eingänge wurden mit Baldachinen aus gefaltetem Stahl ummantelt, wie auch der Carport. Die Fensterrahmen des gedämmten Ziegelbaus sind aus Lärchenholz, das Dach decken Holzschindeln, das Balkongeländer ist ein Industriezaun.

[1] vgl. „Das ist Berlin", in: Berliner Morgenpost, 2.11.2008
[2] ebenda

ORNÖ —— 2003

FERIENHAUS AUF KRÅKMORA HOLMAR

Einfachheit und Eleganz verbinden sich in dem kleinen Hide-away auf einem Inselchen im Stockholmer Schärengarten. CLAESSON KOIVISTO RUNE öffneten drei Seiten des Glas-Holz-Baus zur Ostsee. Die vierte Fassade zum höher gelegenen Nachbarhaus verschlossen sie.

Einfach schön: 45 komfortable Quadratmeter
am Meer genügen dem Freiheitsdrang einer Familie.
Außer Fichtenholz fanden Glas und etwas
galvanisierter Stahl Verwendung.

Eine junge Familie beauftragte Claesson Koivisto Rune mit einem Sommerhaus direkt an der Ostsee. Es liegt auf einer kleinen Insel nur 4 Meter vom Wasser entfernt im felsigen Hang und an einem Bach, der am Haus vorbeifließt. In seinem Innern ist das Haus korridorhaft schmal und in die Länge orientiert, mit einem Knick zwischen Wohn- und Schlafräumen. Genau genommen handelt es sich um nicht viel mehr als eine große Hütte. Der Entwurf ist auch ein Spiel mit Möglichkeiten, Gegensätzen und der Romantik des einfachen Lebens. Durch die großformatigen Ausblicke auf das Meer entsteht jedoch nie der Eindruck von mangelndem Platz.

„Uns hat die Geometrie des Granitfelsens inspiriert, auf dem das Haus sitzt", verrät Architekt Mårten Claesson. Es folgt der eiszeitlichen Topografie, weshalb der Entwurf entlang der Wasserlinie leicht abknickt. Dadurch wurden alle anderen Formen bestimmt. Das mit Schindeln aus Teerpappe gedeckte Hybrid-Dach zum Beispiel entstand so. Den Flügel mit der größten Raumhöhe – er nimmt Wohnzimmer und Küche auf – krönt ein Satteldach. Dessen Giebellinie wird auf der längeren Seite mit den Schlafzimmern fortgesetzt. „Das half uns, ein Satteldach zu gestalten, dessen Giebel diagonal verläuft – was ziemlich ungewöhnlich ist", beschreibt Claesson das Experiment. Der Bau wird nun von einer unerwarteten, aber sehr eleganten Dachform geziert, die ästhetisch Elemente von Pultdach und herkömmlichem Satteldach verbindet. Das kleine Haus auf Kråkmora Holmar vor Ornö

Mit Stahldraht gesicherte Terrassen geben
dem Wohnen Weite und machen das Urlaubsvergnügen erst perfekt.
Oben der Blick auf die Schlafräume.

wurde damit zum Vorläufer einer Reihe von „Folded Roof Houses" der Stockholmer Architekten, auch wenn diese einem etwas anderen geometrischen Prinzip folgen.

Die raffinierte Winkelung nimmt den einzelnen Ansichten jede Blockhaftigkeit. Das Haus wirkt dadurch noch kleiner als es ist. Die Einfachheit, die sich unter anderem aus der silbrigen Fichtenholzfassade samt Pfosten und Terrassenbohlen und der zurückhaltenden, durch Einschnitte gegliederten Erscheinung ergibt, macht das kleine Inseldomizil zu einem echten Naturhaus. Es schreibt sich farblich und formal in die Landschaft ein. Nur die Bleche aus verzinktem Stahl unterhalb der Fenster und Türen leuchten manchmal metallisch auf.

Zum höher gelegenen Nachbarhaus, das nur 8 Meter entfernt ist, verschließt sich das Haus. Hier gibt es keine Fenster. Die lediglich 45 Quadratmeter Wohnfläche werden von einer großzügigen Terrasse zum Meer ergänzt. In erhöter Position erlaubt sie den Blick über die Felsen und in die Kronen der einige Meter tiefer wurzelnden Kiefern. Die Holzkonstruktion – sie liegt auf einer Gussbetonplatte – wird von Pfosten abgestützt und ist entlang der Terrassenbohlen mit Stahlseilen gesichert. Etwas abseits gibt es eine Badeplattform. ——

SCHNITT

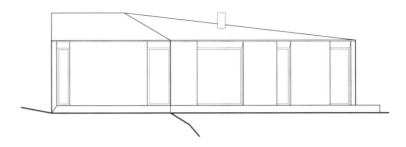

TECHNISCHE DATEN

Claesson Koivisto Rune
Arkitektkontor AB

Wohnfläche:

45 m²

Anzahl Bewohner:

5

LEGENDE

1 Zugang
2 Lager
3 Schlafen
4 Wohnen
5 Kochen
6 Terrasse
7 Bad

GRUNDRISS

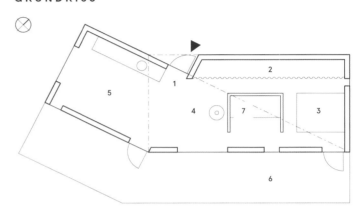

Die Fassade folgt der Topografie des Granitfelsens. Der Kaminofen (linke Seite) ist die einzige Heizquelle.
Die Wand dahinter trennt die Wohnküche von den Schlafräumen.

VILLA S

Learning from Malibu:
COOP HIMMELB(L)AU,
die in Los Angeles seit
mehr als 20 Jahren
eine Architektur-
Dependance unterhalten,
bauten in Kärnten ihre
erste Ferienvilla. Sie
verrät mit jedem Detail,
dass für Gemütskalifornier
der wahre Süden überall
beginnt.

MILLSTÄTTER SEE —— 2006

„Wenn ich so etwas
baue, muss ich mich selbst
darin wohlfühlen.
Und ich würde hier sofort
einziehen!"

WOLF PRIX ——

Es ist schwer zu glauben. Aber dieses Haus in Millstatt, direkt am See, wurde
aus der Bauordnung heraus geboren. Aus Zwang entwickelte sich Tugend. Und
aus einem Umbau wurde eine Radikalkur. Am Ende stand das erste Privathaus
im Werkverzeichnis des Wiener Architekturbüros Coop Himmelb(l)au. „Wir ließen den Hut und veränderten den Körper", beschreibt Wolf Prix, einer der
Gründer. „Oben mussten wir die Räume etwas quetschen, aber über dem Erdgeschoss schnitten wir das Haus einfach durch, um einen freien Grundriss zu
gewinnen."

In Kärnten herrschen beinahe schon südländische Gefühle; Palmen und Oliven-
bäume können draußen überwintern. „Ein fantastisches Klima! Warum sollte
man da wie für Norwegen bauen?", begründet der Architekt lachend. Eine Situation also fast wie in Kalifornien. Nur, dass kaum Platz war. Das Grundstück
ist eigentlich nur eine schmale Parzelle. Spektakulär unspektakulär: Eingang
und Parkplatz befinden sich direkt an der Ortsdurchfahrt. Ebenso verhält es
sich mit dem lediglich von Vorhängen verdeckten Wohnzimmer. Das Fleckchen
am Wasser ist für so ein Haus eigentlich zu klein. Aber durch eine große Plattform über dem See bekamen die Bewohner von ihren Architekten eine ganze
Ebene mehr und damit ungeahnte Bewegungsfreiheit.

Auch das „Salettl", von einem Gang und einer Treppe erschlossen, gewannen
die Architekten dem Wasser ab. Der Bauherr konnte es bei der Genehmigungs-
behörde durchsetzen, weil es die Firsthöhe nicht überschritt. Kleine offene
Pavillons haben in Österreich Tradition. Auch viele Terrassen am Millstätter See
ziert eines. Das Salettl dieser Villa ist aus wohlriechendem Zedernholz, hat vier
faltbare Glasfenster und erweist sich, wenn sie offenstehen, sogar bei großer
Hitze als angenehm kühl. Der Hausherr hält hier gerne Mittagschlaf oder macht
Kopfsprünge in den See.

Achtung, hier kann auf Knopfdruck jederzeit ein Weinregal
aus dem Keller hochrauschen! Die weiße Terrasse mit Treppe und Pier
trotzten die Architekten dem See ab. Prominent: der schiefe Turm
und das Zedernholz-Salettl auf der linken Seite.

Architektur und Design
by Coop Himmelb(l)au: Betontisch, Acrylsessel
und das Wohnzimmersofa „Mosku" sind nur einige
der Exklusiventwürfe für die Hausherren. Das Vorhangmuster
gestaltete der Künstler Peter Kogler.

California Dreaming in Kärnten:
Jacuzzi, Sprungturm, hundertjähriger Olivenbaum.
Unter dem Klappboden der Terrasse sammelt
der Hausherr viele Wasserspielzeuge.

Innen und außen ein Zentralmotiv der Villa S:
der blau-silberne Treppenturm.

SCHNITT

LAGEPLAN

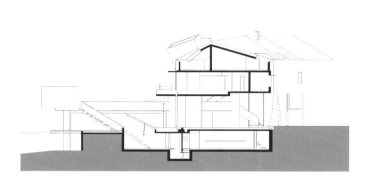

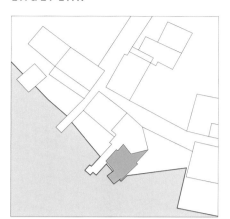

ERDGESCHOSS

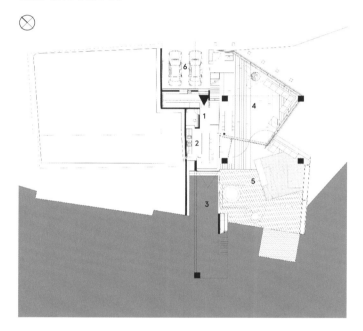

1. OBERGESCHOSS

2. OBERGESCHOSS

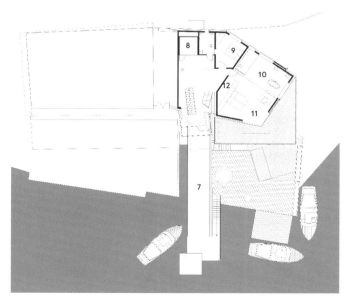

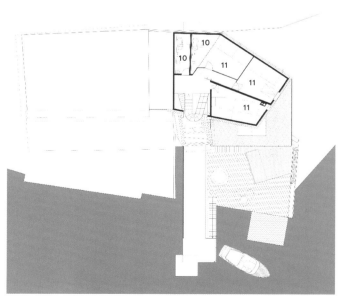

Wo liegt nochmal Malibu?
Das Motorboot oben jedenfalls hängt in Kärnten
am Haken neben der Küchenbar.
Links der Blick von einem der Nachbargrundstücke
auf die Villa mit dem schiefen Turm.

TECHNISCHE DATEN

Coop Himmelb(l)au

Wolf D. Prix

& Partner ZT GmbH,

Dreibholz & Partner ZT GmbH

Wohn-/Nutzfläche:

500,46 m² / 787,42 m²

LEGENDE

1 Zugang

2 Kochen

3 Bootshaus

4 Wohnen/Essen

5 Terrasse

6 Garage

7 Pier

8 Sauna

9 Gäste

10 Bad

11 Schlafen

12 Ankeide

Den Wunsch der Auftraggeber nach einem weißen Haus haben Coop Himmelb(l)au erst nach längerem Überlegen akzeptiert. Zu aller Vorteil: So konnten die Stararchitekten ihrem inzwischen weltweit gedeihenden Universum aus schimmernden Blechwolken, eleganten Glaszylindern und verdrehten Betontürmen eine sublime Villa hinzufügen. Deren Qualität liegt in vielen gelungenen Details und in der quasi eingebauten Sofort-Urlaubswirkung. Es gibt eine Terrasse mit weißen Planken und einem 100-jährigen sizilianischen Olivenbaum, eine Sprungplattform, eine Wasserschaukel und einen Bootsanleger mit Seilzug, der praktisch in der Küche hängt. Hier können die urlaubenden Hausherren nach einer Bootsrunde mit ihren Freunden oder einem Angelnachmittag an der Bar unter freiem Himmel einen Drink nehmen, ohne eine Tür zu öffnen.

Während wesentliche Einbauten oder Zutaten von bekannten österreichischen Künstlern wie Peter Kogler, Erwin Wurm und Eva Schlegel stammen, ist die Sonnenliege auf Rädern ein Entwurf von Coop Himmelb(l)au. Auch sonst ist das Haus mit Prototypen gefüllt: Weinregal, Bank, Betontisch, Acrylstühle, Ledersofas, Teller, Cocktailgläser – sie wurden extra für die Familie mit drei Kindern und ihre Gäste entworfen. Alles zusammen macht die Villa zu einem Komplett-Unikat.

Funktional wird das Haus über rote Knöpfe regiert – von der Klingel zur Licht-, Hebeklappen-, Tür-, Tor- und Fensterautomatik. Natürlich stehen diese nicht in Reih und Glied, sondern wild auf ihrem Relais. Einen schiefen Turm – das Markenzeichen der Architekten – gibt es auch. Er ist das Zentralmotiv. In ihm wird die skulpturale blaue Stahlwendeltreppe durchs Haus geführt. Prix zum Turm: „Dieses vertikale Element ist ganz entscheidend für den Entwurf – und seine Schräge ist es für die Dynamik."

Auf diese Weise gelang die Grundidee, die oberen Bereiche mit der Dachneigung formal zu belassen und quasi „auf einen Tisch zu stellen" (Prix). Man bekam dadurch einen freien Grundriss und für Eingang, Wohnraum, Küche und Bar darunter die nötige Großzügigkeit. Zusammen mit der „Pier" im ersten Stock, die weit in den See hinausgreift, und dem Pavillon darauf gelang die nötige Abschottung zum Dampfersteg und zum Grundstück einer Gaststätte im Norden. ——

GRAÇA CORREIA und
ROBERTO RAGAZZI setzten in Nordportugal eine dramatisch
überhängende Betonstruktur mit Blick
auf den Fluss in den Hang.

CASA NO GERÊS

CANIÇADA — 2006

Es ging darum, auf dem vorgegebenen Grundstück den umbauten Raum zu vergrößern und den Erdboden nicht mehr als unbedingt nötig zu versiegeln. Bäume durften nicht gefällt, der Rio Cavado, der hier durch ein Naturschutzgebiet verläuft, musste respektiert werden. Die beiden portugiesischen Architekten entschieden sich, das Ferienhaus mit einem Sichtbetonumschlag um etwa ein Drittel über den Hang auskragen zu lassen. Eine Ruine nebenan sollte einbezogen werden, hier wurde eine Gästesuite untergebracht. Es gelang Correia Ragazzi Arquitectos, so das Ensemble zu einem Ferienhaus mit 150 Quadratmetern Wohnfläche zu vergrößern.

Das Paar mit Kind, das sich in der Ferien- und Wassersportregion mit Flussläufen und Stauseen eine behagliche Unterkunft schaffen wollte, bekam einen eingeschossigen orthogonalen Baukörper, in den von drei Seiten das Grün der Natur durch große, raumhohe Fenster eindringen kann. Die Bauherren sind seit über zwanzig Jahren Wasserskifahrer und wünschten sich einen engen Bezug zum Fluss. Außerhalb des Haupthauses sollte es einen Ort mit Dusche und Bad sowie zur Lagerung der Sportgeräte geben.

Das Haus liegt am Parque Natural da Peneda Gerês, nicht weit von Guimaraês, das im Jahr 1140 Portugals erste Hauptstadt war, entfernt. Es hat die konkrete geometrische Form eines Parallelepipeds – einem schiefen Prisma, das von sechs paarweise kongruenten Parallelogrammen begrenzt wird. Auf erhöhtem Erdreich wurde eine Kiesplattform geschaffen, aus der das Volumen nach vorn schießt. Zur Front über dem Fluss verjüngt es sich.

„Seit dem ersten Besuch des Bauplatzes wussten wir, dass wir es mit einem delikaten, speziellen Projekt zu tun haben", sagen Correia und Ragazzi. Die Architekten selbst setzen ihr Haus in der landschaftlichen Wirkung zur Casa Malaparte von Adalberto Libera auf Capri (Abb. S. 8, S. 8) in Beziehung – und zu dem Tisch „Less", den Jean Nouvel 1994 für Molteni entworfen hat. An ihn lehnt sich das Haus in Design und Konstruktion an.

Während der Baukörper von außen spröde wirkt, ist er von innen mit ansprechend hellem Birkenholz ausgekleidet. Das Dach ist begehbar. Im Überhang über dem Fluss schwebt der Essbereich. In der mittleren Zone liegen Eingang und Küche. An der Felswand befinden sich die Schlafzimmer. Der Fußboden ist ein selbst-nivellierender grauer Betonestrich.

Das benachbarte Gästehaus, die ehemalige Ruine, wird von einem steilen Kiesweg erschlossen, das Ferienhaus zusätzlich von einer schrägen Treppe aus einzelnen Natursteinquadern, die von diesem Weg abgeht. ──

Leben über dem Fluss: Man erlebt die ganze Natur, ohne sie zu stören.

Dramatischer Überhang: Auf die Idee der Betonkonstruktion brachte Correia Ragazzi ein Tisch (!) von Jean Nouvel.

TECHNISCHE DATEN
Correia / Ragazzi Architectos
Graça Correia,
Roberto Ragazzi

Grundstücksgröße:
ca. 4.060 m²
Wohnfläche:
150 m²

LEGENDE

1 Zugang
2 Essen
3 Kochen
4 Wohnen
5 Bad
6 Schlafen
7 Gäste

SCHNITT

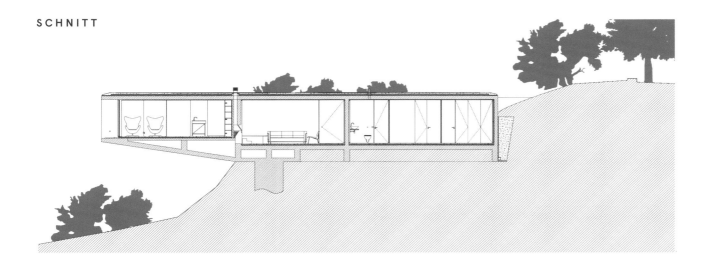

ERDGESCHOSS

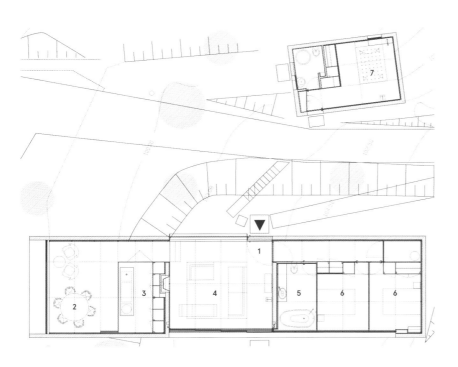

LAGEPLAN

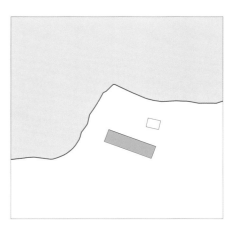

„Vom Haus soll man das Wasser ständig im Blick haben.
Aber es selbst soll, wenn man auf dem Fluss vorbeifährt,
in der Vegetation verschwinden."

CORREIA / RAGAZZI ——

Die Treppe vom Weg zum Haus und die Ruine. Oben: Das helle Birkenholz des wohnlichen Interieurs
kontrastiert zum schroffen Sichtbeton von Böden und Fassade.

LAGO MAGGIORE —— 2005

HAUS IN BRIONE

Die Architekten **MARKUS WESPI** und **JÉRÔME DE MEURON** schlugen im Tessiner Villengürtel dem Chaos und der Überfüllung ein Schnippchen. Ihre kleine Villa ruht in sich und über dem See.

Die Ruhe vor dem See: Natursteinblöcke halten den Trubel des beliebten Viertels draußen und konzentrieren die Sinne der Bewohner auf das Wesentliche – die Natur.

Auf der rechten Seite der interne Hof und der große Wohnraum mit der Küche.

ERDGESCHOSS

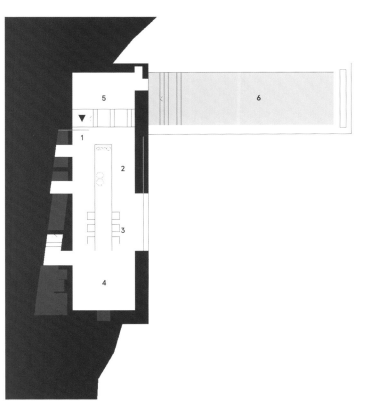

OBERGESCHOSS

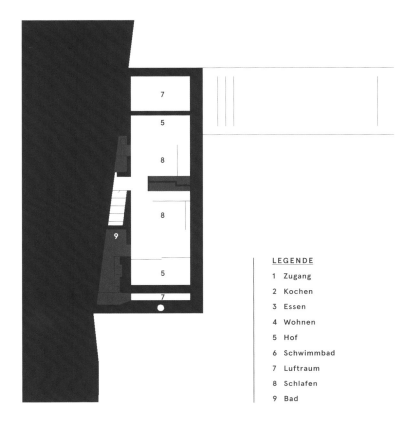

LEGENDE

1 Zugang
2 Kochen
3 Essen
4 Wohnen
5 Hof
6 Schwimmbad
7 Luftraum
8 Schlafen
9 Bad

TECHNISCHE DATEN

Wespi de Meuron
Markus Wespi,
Jérôme de Meuron
Architekten BSA AG

Grundstücksfläche:
533 m²
Wohnfläche:
95 m²

SCHNITT

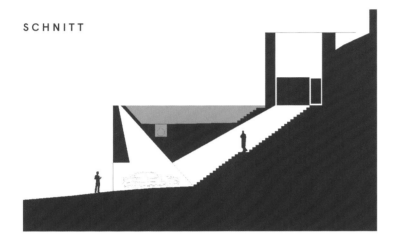

Wie sollen wir in einer engen, chaotischen Umgebung bauen? Und auf welche Weise lässt sich in einer wenn auch edlen, so doch stark bevölkerten Nachbarschaft durch die Architektur Ruhe erzeugen? Die Tessiner Architekten Markus Wespi und Jérôme de Meuron haben bei ihrem Entwurf am Hang über dem Lago Maggiore lange überlegt – und sich dann dafür entschieden, auf die Verwendung von Attributen einer klassischen Villa ganz zu verzichten. Sie setzten vielmehr auf zwei Blöcke, die durch eine interne Treppe miteinander verbunden sind und durch ihre massive Naturstein-Hülle wie Teile einer Stadtmauer wirken.

In Brione sopra Minusio ist es schon lange ganz schön voll. Das dicht bebaute Villenquartier über Locarno, mit Blick auf Stadt, See und die Alpen, sollte keinen weiteren herkömmlichen Baukörper dazubekommen, fanden Bauherr und Architekten. Sondern eine Oase der Stille und der Selbstfindung. „Lediglich zwei einfach geschnittene, gegenseitig versetzte steinerne Kuben arbeiten sich aus dem Berg heraus, fragmentarisch, mehr der Landschaft als dem Quartier zugehörig, mehr Mauer als Haus, sich einer zeitlichen Zuordnung entziehend", so formulieren die Entwurfsverfasser beinahe poetisch.

In 18 Monaten Bauzeit entstand dieses besondere Haus mit nur 95 Quadratmeter Wohnfläche. „Die Innenräume mit Steinböden und Steinwänden wurden dabei durch das Prinzip der Aushöhlung gewonnen", sagen Wespi und de Meuron. Zwei gleichartige, mit Holzgattern verschließbare Tore bieten den Bewohnern Einlass in dieses Reich des Minimalismus – oder Ausblick. Zusätzliches Licht dringt über Innenhöfe ein. Der talseitige Kubus dient als Garage und sein Dach als Pool: Das Wasser des Schwimmbeckens scheint sich mit dem Lago Maggiore darunter zu verbinden. „Das Thema Wasser – nah und fern – war für diesen Entwurf wirklich von zentraler Bedeutung", erklärt Jérôme de Meuron.

Im Garagenkubus gibt die Begrenzung der Sichtbeton-Wanne für das Bassin einen starken Kontrast zum omnipräsenten Naturstein, während durch eine schmale Öffnung zwischen Dachpool und Wand Lichtreflexe in die burghafte Massivität hereinspielen. Einen weiteren Gegensatz zur Geschlossenheit der Kuben schafft ein breites raumhohes Fenster nach Süden zu einem kleinen Garten und zum See. ——

WATERMILL —— 2004

WRITING WITH LIGHT HOUSE

Der New Yorker Architekt
STEVEN HOLL lehnte den Entwurf für
ein Sommerhaus auf Long Island
formal an die Zäune in den Dünen
der amerikanischen Ostküste an.
Der offene Rahmen aus Holzstäben
lässt das Tageslicht von morgens
bis abends als rastlos schöpfenden
Künstler auftreten.

SCHNITT

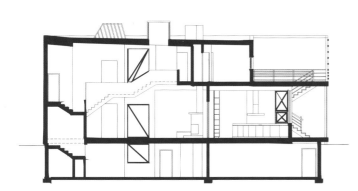

ERDGESCHOSS ⊕

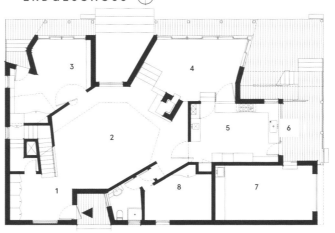

LAGEPLAN

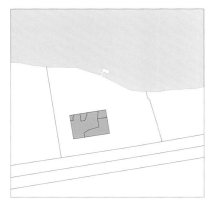

OBERGESCHOSS

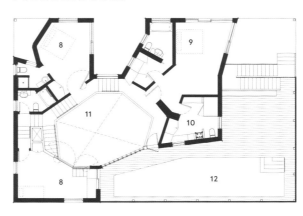

TECHNISCHE DATEN

Steven Holl Architects

Überbaute Fläche:
1.676 m²
Wohnfläche:
511 m²
Anzahl Bewohner: 2

LEGENDE

1 Zugang
2 Wohnen
3 Bibliothek
4 Essen
5 Kochen
6 Terrasse
7 Garage
8 Gäste
9 Schafen
10 Bad
11 Luftraum
12 Pool

Indian Summer auf Long Island: Zwischen Creek,
Pond und Bay lebt es sich licht und frei. Sogar
vom Dachpool im Obergeschoss hat man Blick
auf den Atlantik (linke Seite).

Lichtspielhaus: Dieser lässige Bau ist sogar
auf Long Island etwas Besonderes.
Hier der oktogonale Wohnraum mit Empore.
Für den Holzrahmen (oben) waren lokale Dünenzäune
die entscheidende Inspiration.

Steven Holl ließ sich für den leichten „Balloon Frame", eine in Amerika übliche Holzrahmenkonstruktion, von den schmalen hölzernen Pfosten der Dünenzäune in den Hamptons anregen. Er soll die freie Form nicht bändigen, er gibt ihr lediglich Halt. So wirkt das Gebäude federleicht.

Das Konzept des Ferienhauses ist außerdem von einem Pionier des amerikanischen Abstrakten Expressionismus, vom Maler Jackson Pollock beeinflusst. Dessen ehemaliges Atelier liegt in East Hampton nicht weit vom Writing with Light House am Atlantischen Ozean. Pollocks Ölgemälde „There Were Seven in Eight" von 1949 gibt der Architekt als Referenz für einige „Free Form Designs" an – Modelle, die er für das Haus anfertigte.

Die Fassade des Wochenendhauses für zwei Personen ist nach Norden geöffnet und durchbrochen. Der absichtlich und elegant zerfaserte mehrteilige Körper des Hauses wird hier von der Holzkonstruktion auch optisch zusammengehalten. Das Ensemble enthält eine Außentreppe. Das Haus liegt an der Ostküste von Long Island am Atlantik. Nach Süden, zur Straße hin, gibt es sich zugeknöpft. Die horizontale Lattung prägt hier die visuelle Wirkung. Es sind aber die Balken des offenen Rahmens auf den anderen Seiten, die für die malerische Wirkung verantwortlich sind. Sie ersetzen solide Wände. Die Lichtstreifen, die das Haus innen und außen als Schattenschraffur durchwandern, verbinden die Räume dynamisch mit dem Tageszyklus. „Das Haus, das mit dem Licht schreibt", lautet der Name auf Deutsch. Licht spielt durch die geschickt gewählten Öffnungen und Durchblicke von früh bis spät auf den weiß verputzten Innenwänden. Rund um den über zwei Etagen reichenden, oktogonalen Wohnraum im Zentrum liegen verteilt verschiedene Gästezimmer. Vom Wohnraum steigt man ins Obergeschoss, wo es eine Atriumsituation gibt. Dort findet sich, über der Garage, auch der Pool. ——

Zwischen traditionellen Häusern aus Holz oder Backstein steht eine leuchtende Erscheinung. Das weiße Wohnhaus am Drevviken-See legt sich aber nicht nur farblich quer. <u>CLAESSON KOIVISTO RUNE</u> nutzten die Breite des Grundstücks, um fast allen Zimmern Seeblick zu geben.

DREVVIKEN HOUSE

STOCKHOLM —— 2010

„Das Haus liegt in seiner eigenen kleinen Bucht", erklärt Architekt Mårten Claesson. „Die Topografie formt genau hier eine kleine Senke aus. Deshalb sind Dach- und Bodenlinie sanft gekurvt. Sie folgen dem Gelände." Alle Zimmer - bis auf eines - blicken Richtung See.

AUFRISS

Das Grundstück am Wasser lag zwischen zwei Felsen auf unsicherem Terrain. Es musste bis in 12 Meter Tiefe mit Steinen aufgefüllt werden. Das Haus ruht auf einer Betonplatte. Man erkennt die unterschiedliche Raumhöhen und die Stufen, die sie ausgleichen.

TECHNISCHE DATEN

Claesson Koivisto Rune
Arkitektkontor AB

Wohnfläche:
280 m²

SCHNITT

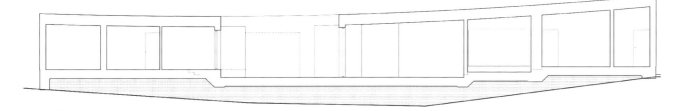

ERDGESCHOSS

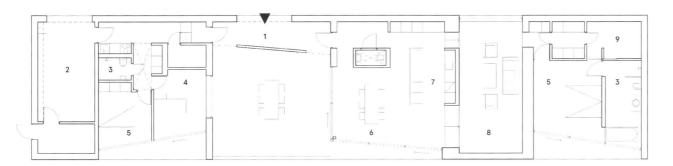

LEGENDE

1 Zugang
2 Garage
3 Bad
4 Arbeiten
5 Schlafen
6 Essen
7 Kochen
8 Wohnen
9 Ankleide

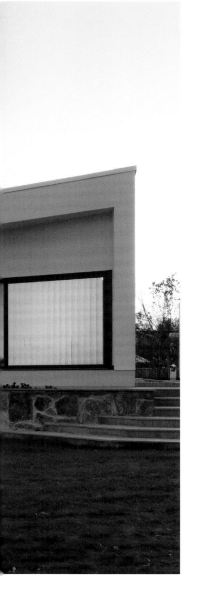

„Sie werden sich wundern, wie klein das Haus ist!", sagt Hausherr Tor Nielsen an der Tür. Es liegt zehn Autominuten südlich der Stockholmer City. Naja, klein: 280 Quadratmeter sind für Gäste aus dem dicht besiedelten Mitteleuropa eher viel. Schnell wird klar, was er meint: Die Architektur verzichtet auf das für repräsentative Häuser übliche Foyer. Man steht stattdessen in einem kleinen Windfang mit Holzwand. 2 Meter weiter folgt eine Glastür, und ab hier weitet sich der Blick: Über die formidable Atriumterrasse hinweg, die ein wunderbares Draußenwohnzimmer ist, auf die glitzernde Oberfläche des Drevviken-Sees.

Das ungewöhnlichste Merkmal dieser sehr zeitgenössischen Seevilla ist die lange Straßenfassade: Sie misst 35 Meter. Und sie wirkt, als hätte hier jemand ein flaches Segel aufgespannt. Die Stockholmer Architekten Mårten Claesson, Eero Koivisto und Ola Rune entwickelten die filigrane Architekturfigur aus dem dominanten Blickwinkel einer nahen Straßenkreuzung heraus. Der passende organisatorische Grund dafür war, dass sie auf dem schmalen Uferstreifen alle Räume nebeneinander setzen wollten, um beinahe jedem Zimmer die luxuriöse Situation eines direkten Seeblicks und Seezugangs zu gewähren. Aus der Unregelmäßigkeit des Geländes machten Claesson Koivisto Rune eine Tugend. Sie organisierten die Raumfolge durch kleine Treppenabsätze auf drei unterschiedlichen Niveaus. Draußen werden die zwischen 3 und 4 Metern differierenden Raumhöhen von einer elegant aufschwingenden Linie gefasst. Der Minimalismus der blendend weißen Fassade wird nur durch drei dunklere, asymmetrisch arrangierte Elemente akzentuiert: Garagentor, Eingangstür, ein metallgefasstes Fenster.

Claesson Koivisto Rune variieren ihr Spiel mit der optischen Vortäuschung von trapezoiden und räumlichen Formen des Parallelogramms. Die MoMA-Designkuratorin Paula Antonelli führte diese Schnitte und Falten einmal auf Origami zurück, die Kunst des Papierfaltens.[1] Dieses Reservoir an

Das Schlafzimmer hat Teakboden.
Der Hausherr wünschte sich Gemütlichkeit.
Oben die 35 Meter lange Straßenfront.

Das Arbeitszimmer – natürlich mit Seeblick!
Auch die kleine Schreibtischlampe ist ein Entwurf von Claesson
Koivisto Rune.

„Ich wollte ein Haus, wie es hier noch keines gibt!"

BAUHERR TOR NIELSEN ——

Motiven half den schwedischen Architekten schon mehrfach, ihre Baukörper interessant und variabel zu gestalten, weitgehend ohne dabei auf gekurvte Linien zurückzugreifen. Wie etwa bei einem Haus auf Gotland[2] oder, 2010, bei der Örsta Galerie in Kumla. Auch dort erzeugten sie höhere Geometrien durch verkantet eingestellte Fensterwände. Diese und eine sanfte Höhenentwicklung bauen am Drevviken-See eine beachtliche Dramatik auf – ob man am Haus vorbeifährt oder direkt darauf zu. Die Front lässt außerdem an Alvar Aaltos sanft gerundetes Studio in Munkkiniemi bei Helsinki[3] denken. Auch bei den Innenräumen ist Aaltos Auffassung von übersichtlich großen, aber sehr gut geformten Räumen für Wohnhäuser nicht fern. Konsequenterweise finden sich im Haus sowohl Möbel von Aalto wie Utensilien von Claesson Koivisto Rune, die auch hervorragende Designer sind.

Nielsen kennt die Architekten aus dem Stockholmer Szeneviertel Södermalm, wo sie ihr Büro haben. Er hat dort ein paar Jahre gelebt. Sein neues Haus fällt nun allseitig sofort als abstrakte Skulptur ins Auge. Der Baukörper am See konnte sich dabei nicht wie die Nachbarbauten auf den Fels stützen. Obwohl rundherum nackter Stein aufragt, befand sich just unter dem maroden Vorgängerbau, der abgetragen wurde, unsicherer Grund. Erst in einer Tiefe von 11 bis 12 Metern traf man auf Fels, ab da wurde der Untergrund aufwendig mit Steinen aufgeschüttet. Aber Nielsen wollte hier bauen und nicht in den typischen Stockholmer Villengegenden wie Lidingö oder Danderö.

Die Räume reihen sich zu beiden Seiten des Atriums alle hintereinander. Nach rechts geht die Einliegerwohnung der erwachsenen Tochter ab, links liegt die Hauptwohnung. Alle Zimmer werden von der Terrasse wie auch von einem schmalen Flur erschlossen. Das Wohnzimmer hat die einzige massive Wand zum See und zeigt ein großes Fenster zur Straße. Diese Geste war dem Hausherrn wichtig, der wenige Häuser entfernt aufgewachsen ist und viele Anwohner kennt.

Als eindringliches Motiv von der Wasserseite wirkt der weiße Betonbalken, der als offener Rahmen das Terrassenatrium überspannt. Er fasst die Seefassade geradlinig zusammen und erzeugt gleichzeitig eine interessante Staffelung aus Durchblicken. Vom See aus würde man das in seiner eigenen kleinen Bucht gelegene eingeschossige Haus neben den älteren zweistöckigen Villen mit den „über die Ohren gezogenen" schwedischen Dächern kaum sehen – wäre es nicht so weiß. Die Lieblingsfarbe seiner Architekten hat Nielsen weitgehend respektiert. Aber einen Raum in Rot wollte er haben. Und für die Gemütlichkeit neben einer Teak-Küche auch einen rötlichen Teak-Fußboden. ——

[1] vgl. Claesson Koivisto Rune, Architecture, Basel – Boston – Berlin 2007. Preface by Paula Antonelli. Für die japanische Company Sfera bauten die Architekten in Kyoto das House of Culture und entwarfen einen Baumwollsessel „cut and folded like Origami".

[2] vgl. ebenda, Werner House, S. 86 ff.

[3] Alvar Aaltos Studio, 1955 erbaut, bildet für den Ausstellungsraum der Modelle und Zeichnungen eine konkave Fassadenkurve aus, die sich aufschwingt und das Amphitheater im Hof umgibt.

Mit den weißen Modernistenfliesen im Esszimmer
haben sich die Architekten durchgesetzt. Die Armlehnstühle und der
Esstisch sind Klassikerentwürfe des Dänen Hans Wegner.

SÜDPAZIFIK —— 2012

CASA BOUHON IN MA-TANZAS

An einem Surferstrand in Chile bauten **WMR ARQUITECTOS** eine Reihe von Holzhäusern in schlichter Eleganz. Dies ist das Jüngste.

SCHNITT

ERDGESCHOSS

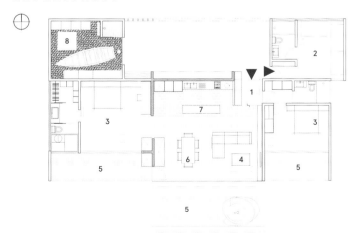

LAGEPLAN

TECHNISCHE DATEN

WMR Arquitectos
Felipe Wedeless,
Jorge Manieu,
Macarena Rabat

LEGENDE

1 Zugang
2 Gäste
3 Schlafen
4 Wohnen
5 Terrasse
6 Essen
7 Kochen
8 Bootslager

Sports & Fun: Abends nach dem Surfvergnügen wärmt der Sichtbetonkamin, das Zentrum der Casa, die Sportler. Er ist von drinnen und draußen bedienbar.

Auf der linken Seite die dem Pazifik zugewandte Fassade des Hauses. Unten im Vordergrund die Gästesuite.

Zwei, drei Autostunden entfernt von Santiago de Chile liegt Matanzas. Hier an einem der Strände der Hauptstädter, die im Landesinnern leben, wurden von den WMR Arquitectos schon eine ganze Reihe größerer und kleinerer Häuser errichtet – Casas und Cabañas. Und sogar ein Hotel. Nun sind drei Ferienhäuser hinzugekommen: Casa 3 Hermanos, Casa Puccio – und die Casa Bouhon, das Jüngste.

Das neue Wochenenddomizil entstand, wie viele der Häuser hier, für Surfer. Den Sportler-Treffpunkt am Meer haben die Partner von WMR Arquitectos – Felipe Wedeles, Jorge Manieu und Macarena Rabat – auch selbst schon erprobt. Man könnte das Haus durchaus als Kiste auf Stelzen bezeichnen. Eine aufgeständerte Holzplattform trägt es. Hinter dem ersten Volumen verstecken sich zwei kleinere, zwischen ihnen liegt der Eingang. Das Haus steht hoch im Hang und gewährt so eine großartige Aussicht. Der vordere Teil hat ein Pultdach über einer einfachen und unprätentiösen Holzkonstruktion. Raumhohe Fenster öffnen sich über die gesamte Front

zum Ozean. Vor den seitlichen Räumen, die zusätzlich von schmalen horizontalen Fensterschlitzen belichtet werden, liegen eingeschnittene Terrassen auf Holzplanken. Sie trennen und gliedern den Entwurf. Außerdem bieten die Vorsprünge eine schützende Überdachung zum Beisammensitzen im Freien selbst bei windigem oder leicht regnerischem Wetter.

Das eingeschossige Haus ist einfach und zweckmäßig ausgestattet: Holzböden, Holzwände. Im Zentrum des Entwurfs steht der große Sichtbetonkamin, der von mehreren Seiten und von der Terrasse aus bedient werden kann. Eine große Schiebetür schließt den Wohnraum mit der Küche zum Schlafzimmer hin. Alternativ öffnet sie das Innere der Casa Bouhon zu einem weiten Großraum. An das Wohnhaus schließt sich auf der Landseite ein Lagerraum für Boards und Boote an. Ein weiteres Schlafzimmer in der hinteren Ebene kann separat betreten und als Gästeappartement genutzt werden. ——

Schwarze Klinker
geben einem Haus
am See von **BEDAUX
DE BROUWER
ARCHITECTEN**
in der niederländischen
Provinz Zeeland
ein erdiges Gegen-
gewicht.

VILLA IN KAMPER-LAND

VEERSE MEER —— 2009

ERDGESCHOSS

SCHNITT

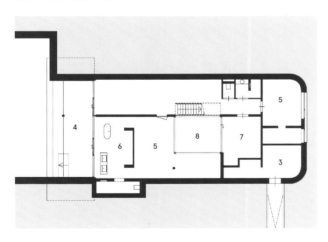

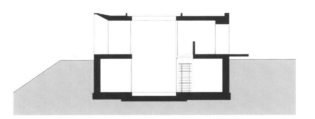

OBERGESCHOSS

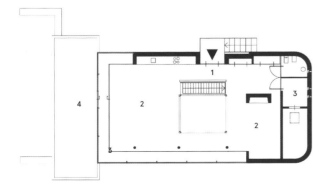

TECHNISCHE DATEN

Bedaux de Brouwer

Architecten BV BNA

Jacques de Brouwer

Grundstücksgröße :

994 m²

Wohnfläche:

360 m²

LEGENDE

1   Eingang

2   Wohnen

3   Lager

4   Terrasse

5   Schlafen

6   Bad

7   Arbeiten

8   Atrium

Chiaroscuro auf Niederländisch: Ein gläsernes Atrium bringt viel Licht auch in die Schlafräume hinab.
Nach vorn, zum Wasser hin, ist das Haus ganz offen. Zu den anderen Seiten verlässt es sich in fast wehrhafter Geschlossenheit
auf ein gleichmäßiges mattschwarzes Klinkerkleid (links).

„Wir wohnen praktisch in diesem tollen Blick!"

DIE HAUSHERREN ⸺

Die von den Architekten Bedaux de Brouwer erbaute Villa liegt direkt am leicht ansteigenden Ufer des 1961 von der Nordsee abgetrennten Binnensees Veerse Meer. Die attraktive Lage am Wasser wird durch die Gartenterrasse und im Obergeschoss durch eine Glasfront weidlich ausgenutzt. Vom großzügigen Balkon und dem angrenzenden Essbereich im opulenten Wohnzimmer (106 Quadratmeter) breitet sich für die beiden Bewohner ein Panorama auf den See und ihren kleinen Bootsanleger aus.

Der Flachdachbau mit zwei Geschossen und rund 360 Quadratmetern Wohnfläche wurde von den Architekten aus Goirle bei Tilburg minimalistisch in matt nuanciertem Schwarz ausgeführt. Sie verwendeten an sämtlichen Fassaden massive Keramik-Klinker. Die im Läuferverband gemauerten Steine zeigen ein gleichmäßiges und ruhiges Fassadenbild. „Um den homogenen Gesamteindruck noch zu verstärken, haben wir zusätzlich tief zurückliegende, dunkle Fugen ausgebildet", sagt Jacques de Brouwer.

Dabei griff man auf die Technik des Fugenglattstrichs zurück. Mauern und Fugen entstehen dabei „in einem Guss" – Mauer- und Fugenmörtel sind eins. Die Ecken der Fassade sind nach hinten abgerundet, an der Nordostseite zur Straße gibt es einen schmalen senkrechten Spalt, der die verschlossene Fassade interessant gliedert. Hier wirkt die Villa wehrhaft abweisend, die Fensterschlitze ähneln den Schießscharten einer Trutzburg. Auch

die nach Nordwesten orientierte, leicht zurückliegende Eingangsfront mit den breiten Betonstufen und der schwarzen Tür gibt sich zugeknöpft.

Ganz anders die Gartenfront und das lichte Interieur. Den hermetischen Außenseiten wirkt unter anderem das luftige Styling des Hauses von den Innenarchitekten Annega & Partners entgegen. Für reichlich Offenheit überall sorgt ein 7 Meter hohes, gläsernes und dachloses Atrium im Zentrum. Es versorgt das Erdgeschoss, in dem sich die Schlafzimmer befinden, mit Tageslicht und sichert den Bewohnern gleichzeitig eine stetige Aussicht aufs Veerse Meer. Die beiden um die Kurve fließenden Gebäudeecken Richtung Straße vermitteln elegant zwischen der Transparenz der Wasserfront und der expressiven Massivität der schwarzen Ziegel. „Wir wählten eine doppelte Glasfassade und harte, dunkle Steine, damit das Haus dem Wetter und dem Zahn der Zeit gut widersteht", erklärt Jacques de Brouwer und fügt hinzu: „Wir sind stolz, dass wir mit so wenigen Materialien auskamen und für die Bewohner ein ruhiges, wiewohl expressives Zuhause schaffen konnten." Sein Lieblingsplatz liegt im Herzen des Glas-Cockpits – mit Blick auf das gegenüberliegende Ufer und den See. „Die gewählte Trennung zwischen Introvertiertheit zur Landseite und maximaler Offenheit zum Wasser hin ist eine direkte Konsequenz aus der Schönheit des Panoramas mit dem Veerse Meer, dem niederländischen Himmel und der Silhouette des Dorfes Veere." ⸺

ZEIT- GEMÄSSES RUSTICO

SARDINIEN
—— 2004

ANTONIO CITTERIO und **PATRICIA VIEL** ersetzten im Süden der Insel ein zu groß geratenes Bauernhaus der Sechzigerjahre. Der Neubau ist von Trockenmauern gesäumt und fügt sich natürlich zwischen Wasser und Hügel der Kulturlandschaft ein.

„Was für ein Glück für mich! Auch dem Bauherren ging es vor allem um Baukultur, das Licht und die Schönheit der Umgebung. Die ersten zwei Monate haben wir nur über sardische Architektur geredet."

ANTONIO CITTERIO ——

Tiefe Fensterbuchten schützen vor der starken Sonne.
Unten befindet sich der private Bereich des Hausherrn mit der Südterrasse und dem Blick
in den Zitrusgarten, oben liegen die Gästezimmer.

Landhaus ohne Grenzen in Alleinlage: Nur Licht, Lage, Struktur und Natur beeinflussten
Antonio Citterios Entscheidungen für seinen Entwurf aus Trockenmauern und weißen Sandzementwänden.

Man darf so nah an der Küste gar nicht mehr bauen. Es sei denn, es wird ein anderes Haus ersetzt. Der Auftrag, der in Villasimius unweit von Cagliari an den Architekten erging, lautete, das Gebäude mitsamt der Landschaft zu restrukturieren. Und es war klar, dass das neue Haus zurückhaltend ausfallen würde. Denn der Mailänder Architekt Antonio Citterio hat eine bekannte Abneigung gegen die zartrosa oder pfirsichfarbenen Protzvillen an der nordsardischen Costa Smeralda.

„Ich wollte das Haus mit Gärten und Höfen umgeben. Und mit Trockenmauern, die den Wind abhalten"[1], erklärt Citterio. Der Architekt und sein Bauherr wählten als Farbe für den oberen Hauptteil des Baukörpers Weiß und ließen mittels des unregelmäßigen, rauen und an den Ecken abgerundeten Kalkputz-Finishs den Eindruck des Unperfekten zu. Das aus Granit aufgebaute Erdgeschoss und mehrere Steinmauern verweben den Bau mit dem Grün und stellen einen nahtlosen Übergang in die Umgebung her, die von Weinhängen, Zitrus- und Olivenhainen domestiziert wird. Diese gehören zu einem viele Hektar umfassenden Agrikultur-Unternehmen.

Das Haus liegt direkt am Strand, aber 6 Meter höher als der Meeresspiegel. Zum Wasser hin wird es von einer weiteren Natursteinmauer begrenzt. Die verschiedenen Mauern und Fundamente reduzieren die wahrgenommene Masse und die Präsenz der Architektur – sie ist der einzige Bau weit und breit. Dass sich 450 Quadratmeter Wohnfläche so gut in der Landschaft verbergen können, nebst 300 Quadratmetern Terrassen, ist eigentlich kaum zu glauben.

Die Position des ursprünglichen Gebäudes musste beibehalten werden. Seine äußere Erscheinung aber hat man komplett verändert. „Mit meinen neuen Durchgängen bekamen Innen- und Außenraum ein besseres Verhältnis zueinander"[2], erläutert Citterio.

Bestimmende Merkmale sind die klaren ein- und zweigeschossigen Quader, die 45 Zentimeter dicken Mauern und die tiefen Öffnungen. Sie helfen, die Innenräume zu beschatten und sie wie in einem alten Bauernhaus kühl zu halten. „Wir experimentierten lange am Computer mit den Sonnenständen zu verschiedenen Tageszeiten. In die Räume sollte nie gleißendes Licht gelangen."[3] Weil sich die Fensterbuchten nach außen erweitern, weitet sich auch der Blick aufs Meer.

Citterios Hauptthema und seine schwierigste Aufgabe war es, das Verhältnis von Landschaft und Gebautem neu zu interpretieren und zu gestalten. Das Haus steht an der niedrigsten Stelle des Grundstücks. Der Besitz steigt über den Hügel an und weitet sich nach Süden zur Kulturlandschaft. Wie Alba Cappellieri treffend geschrieben hat, ist das Haus nicht Mittelpunkt, „sondern nur ein Stück eines Mosaiks"[4]. Seine relative Leichtigkeit kommt vor allem von der geschickt erzeugten „schwebenden" Baugestalt, die sich als moderater Kontrast weiß vor dem Hügel und den Natursteinmauern abhebt.

Das Rustikale als natürlichen Schutzmantel für die Moderne nutzte schon Mies van der Rohe, der in den Zwanzigerjahren weiße Flachdachvillen mit Natursteinsockeln versah. Er verschlankte sie so und verlieh ihnen scheinbar Flügel. Daran hat sich Citterio erinnert.

Das Innendesign verlässt sich auf Fußbodenplatten aus grauem Basalt, Teakholz-Rahmen für die Fenster oder Schiebetüren und auf eine noble, asketische Ausstattung. ——

[1] vgl. Architectural Digest AD 4 / 2006, S. 54 f., Antonio Citterio im Interview mit dem
Autor, Januar 2006, Mailand

[2 · 3] ebenda

[4] vgl. S. 187 in: Alba Cappellieri, Antonio Citterio – Architecture and Design, Mailand, 2007

Der Zitrusgarten ist windgeschützt
in einem Hof angelegt.

SCHNITT

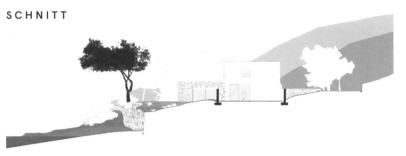

ERDGESCHOSS

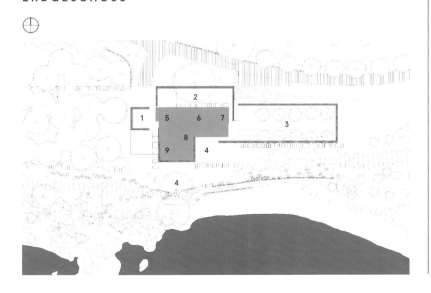

TECHNISCHE DATEN

Antonio Citterio,
Patricia Viel and Partners

Grundstücksgröße:
35 ha
Wohnfläche:
450 m² (dazu 300 m² Terrasse,
425 m² Zitrushain +
200 m² Höfe)

LEGENDE

1 Außenküche
2 Patio
3 Zitrusgarten
4 Terrasse
5 Kochen
6 Bad
7 Schlafen
8 Wohnen
9 Essen

Tutto Citterio: Gut, wenn der Architekt auch ein berühmter Designer ist!
Seine Sessel und die Daybeds fanden im Wohnzimmer Platz.

In diesem Schlafzimmer wacht man täglich
mit Himmel und Meer auf.

Es lebe der Steilhang! <u>BEMBÉ DELLINGER ARCHITEKTEN</u> strebten zu Recht hoch hinaus, um für ihre Hausherren möglichst viel Wald, Licht und Fluss zu gewinnen.

ZWILLINGS- HAUS

GRAFRATH —— 2007

AN DER AMPER

SCHNITT

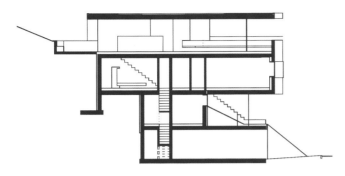

ERDGESCHOSS

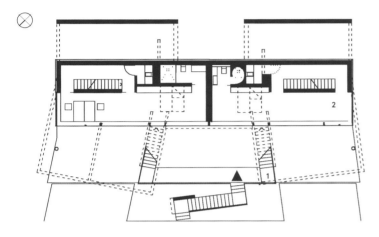

1. OBERGESCHOSS

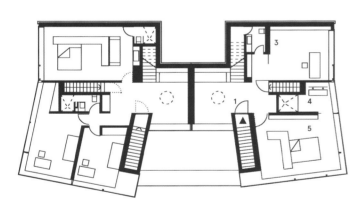

2. OBERGESCHOSS

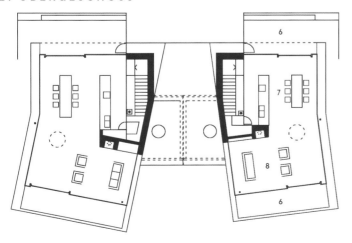

LAGEPLAN

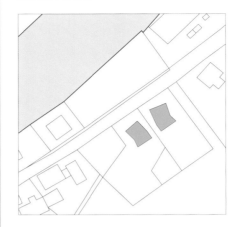

TECHNISCHE DATEN

Bembé Dellinger
Architekten und
Stadtplaner GmbH

Grundstücksgröße:
1591 m²
Wohn-/Nutzfläche:
411/ 92 m²
Bewohner: 2/3

LEGENDE
1 Zugang
2 Gäste
3 Arbeiten
4 Bad
5 Schlafen
6 Terrasse
7 Kochen/Essen
8 Wohnen

Sebastian Dellinger erinnert sich an eine der forderndsten Baustellen seines Lebens und schüttelt den Kopf. „An diesem Platz sind vor uns schon einige Architekten verzweifelt!" Dellinger und sein Partner Felix Bembé aber wagten es. Die beiden noch jungen Architekten haben mit ihrem Team in einem bewusst internationalen Stil schon viele Villen, vor allem in Oberbayern, errichtet. Und sie hatten auch in Grafrath nahe des Ammersees die richtige Idee.

„Die größte Herausforderung stellte das Grundstück dar: ein steiler Hang, eingezwickt vom Fluss Amper im Nordwesten und dem hohen Buchenwald im Südosten." Sie trugen den steilen Hügel über der kleinen Anliegerstraße im Tal mühevoll ab, um ihre Stahlbetonkonstruktion trotz der Engstelle ausreichend verankern zu können. „Sechs Wochen lang schippte der Bagger dann den angehäuften Kies wieder zurück in die Grube." Den Baukörper teilten sie, damit er nicht zu mächtig wirkt.

Dann arbeiteten sie sich vier Stockwerke hoch. „Wir wollten mit dem Bauen möglichst weit in die Höhe kommen – der Sonne entgegen und immer mit dem Blick zum Wasser und in die Auenwälder", sagt Dellinger. „Die Bewohner können hier von der Garage über das Gästegeschoss und die Schlafetage hinauf ins Licht zum Wohnen steigen", fasst er zusammen. Es gibt also genug Licht, eine direkte

„Man sitzt hoch oben
in den Baumwipfeln.
Die Fische stehen unten
im Fluss und die Rehe
auf der Terrasse."
SEBASTIAN DELLINGER ——

Die Decke über dem Dachgeschoss ist als Holzkonstruktion ausgebildet und zum Teil mit Stahlträgern verstärkt (linke Seite und unten). Die Holzböden, oben der offene Wohnraum, wurden geölt. Die Terrasse, die man hier sieht, liegt rund 20 Meter über dem Fluss. Auf der gegenüberliegenden Seite des Wohnraums gibt es noch eine ebenerdige Terrasse direkt im Hang.

Verbindung zum Fluss und das Gefühl, mehr oder weniger im Wald zu wohnen. Skylights mit silbernen Trichtern fangen unterm Dach an ausgewählten Stellen der Wohnungen zusätzlich Sonne ein. Die Natur bleibt immer im Vordergrund.

Das Zwillingshaus will dennoch nicht nur von ihr eingehüllt werden, sondern gibt selbstbewusste Signale ab. Der Sichtbeton ist präzise ausgeführt, versehen mit den Abdrucken der sägerauen Holzschalung. Robust und kantig wenden sich die um einige Grad versetzten, von je einer Familie bewohnten Baukörper in verschiedene Richtungen. Ein Flügel hat knapp unter, einer knapp über 200 Quadratmeter Wohnfläche. Zum Zwillingshaus gehören zwei durch die kleine Straße vom Haus getrennte Wiesengrundstücke direkt am Wasser – mit je einem Steg, den manche Bewohner im Sommer täglich zum Schwimmen im Fluss nutzen. Früher fuhr hier der Dampfer von Stegen am Ammersee vorbei, heute kann man die Dorfkinder mit ihren Schlauchbooten sehen.

Die Hausherren betreten ihre Wohnungen in der Regel direkt von den zwei Doppelgaragen aus, die nebeneinander liegen und das unterste Level bilden. Nur Besucher und Fußgänger kommen über die Außenstufen. Je eine schmale Sichtbetontreppe führt innen an den durch Fenster sichtbaren Autos vorbei in ein selbst an heißen Tagen kühles zweites Level. Es zeigt auch innen überall Sichtbeton und wird als Büro beziehungsweise als Gästezimmer genutzt. Das Stockwerk darüber verfügt neben jeweils drei flexibel nutzbaren Schlafräumen analog über eine Panorama-Glaskanzel pro Einheit. Das vierte Geschoss, die lichte, offene Wohnetage, hat zwei Terrassen in jedem Hausteil: eine flach zum Hang hin, die andere hoch über der Straße und dem Fluss. Eine weitere – gemeinsame – Außenplattform findet sich auf dem geländerlosen Zwischendach über den beiden Glaskanzeln.

Auto, Licht, Luft, Grün! Nicht nur die Erschließung über die Garage – also aus der Autofahrerperspektive – erinnert beim Zwillingshaus an Le Corbusier. Auch die einzelnen dünnen Pilotis, die den Bau flankieren, die langen Fenster und der weiße Sonnenbrecher, der sich à la Brise Soleil aus dem Holzdach heraus wie ein Baldachin über die Terrassen schiebt, lässt an seine Motive denken. ——

VILLA

Ein großes Haus für Kunst und Gäste:
Hoch über dem Bodensee
hat **ANTONELLA RUPP** das Drama,
für sich selbst zu bauen, bewältigt.

BODENSEE —— 2008

RUPP

Große Kuben, die ineinandergreifen:
Antonella Rupp ist von den Rationalisten der Moderne
und von Álvaro Siza beeinflusst. Hier die Bänke
vor dem Poolgeschoss, darüber die Wohnetage.

„ B e i   m i r   i s t   n i c h t s
f i l i g r a n   –   u n d   i c h   b i n
s t o l z   d a r a u f . "

A N T O N E L L A   R U P P ——

Die stolze Ansicht der Villa Rupp in Eichenberg. Im Turm wohnen die Gäste.

Eines wusste die vom Comer See stammende Architektin Antonella Rupp schon immer: Der eigene Hausbau am See – irgendwann findet er statt. Vor ein paar Jahren entdeckte sie über dem Bodensee ein von Wald und Wiesen umgebenes Grundstück für sich und ihre Familie. Klar war, dass es ein geräumiges, mondänes Haus werden sollte – geeignet, dort große Gesellschaften zu geben. Eine zweite Bedingung war, dass man das Leben bei entsprechender Witterung jederzeit auf die Terrassen verlagern kann.

Die Villa Rupp bekam ein Sockelgeschoss aus dem Piemonteser Granit Pietra di Luserna, ineinandergreifende kubische Volumina und einen Turm, der die Landschaft schmückt, ohne sie triumphal zu bekrönen. Er ermöglicht es, bis zur Lindauer Insel zu schauen. Mit den stereometrischen Elementen der Komposition knüpft die Architektin nahtlos an die körperhaften Durchdringungen der klassischen Baumoderne an. Giò Ponti, Carlo Scarpa und Rationalisten wie Giuseppe Terragni oder Adalberto Libera sind ihre Vorbilder. Der zeitgemäße Grundriss entspricht der Tatsache, dass die Menschen heute großzügige Schlafzimmer und Bäder wollen und dass eine Living Area ruhig überallhin geöffnet sein darf. Das Haus ist groß, transparent, offen – ohne sich den Nachbarn als Bühne zu präsentieren. Die XXL-Fenster der doppeletagigen Wohnhalle scheidet ein grandioses horizontales Profil – oben Himmel, unten See. Der weitläufige, von dem britischen Künstler Gary Hume gestaltete Pool passt sich in Geist und Stil an.

Die erste Skizze hatte Antonella Rupp schon 2003 in der Wohnung ihrer Schwester in Rom gemacht: aus dem Bauch heraus. Ein länglicher Baukörper, aus dem ein Turm ragte. „Später probierte ich mit Kurven und Rampen herum, die es gar nicht brauchte! Manchmal kam ich mir wie eine Studentin vor!" Irgendwann drohte ihr Mann Josef Rupp: „Wenn du jetzt nicht endlich baust, bestelle ich für uns ein Fertighaus, in das du dann einziehen musst." Antonella Rupp, lächelnd: „Diese Zeit der Entscheidungen war die schwierigste meines Lebens!" Zum Glück fand sie die alte Skizze wieder. Nun ging alles ganz schnell. „Auf der Zeichnung war alles Wesentliche schon da. Die erste Idee – klare Linien und Proportionen – war die Beste gewesen."

Das Ipe-Holz brachten die Hausherren
in einem Extracontainer aus Brasilien mit. Der Holzweg fasst wie
ein Geschenkband auch einen Teil der Eingangsfassade.

SCHNITT

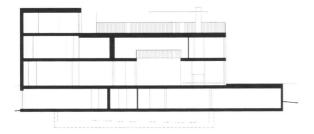

ERDGESCHOSS

1. OBERGESCHOSS

2. OBERGESCHOSS

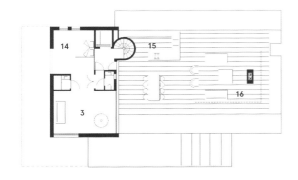

TECHNISCHE DATEN

Architekturbüro
Antonella Rupp GmbH

Grundstücksgröße:
2.070 m²
Wohn-/Nutzfläche:
1.170/ 986 m2
Anzahl der Bewohner: 3

LEGENDE

1 Zugang
2 Kaminzimmer
3 Wohnen
4 Terrasse
5 Essen
6 Kochen
7 Musikzimmer
8 Bibliothek
9 Arbeiten
10 Spielzimmer
11 Luftraum
12 Ankleide
13 Bad
14 Schlafen
15 Sommerküche
16 Lounge/Kamin

Ein Blick wie von Caspar David Friedrich gemalt. Er entgrenzt das Kaminzimmer. Unten das Poolgeschoss. Künstler Gary Hume hat es mit Mosaikfliesen von Bisazza gestaltet.

Die große Wohnhalle über zwei Geschosse
ist oft Gesellschafts-Salon. Am Kamin treffen sich dann
die Raucher. Maß-Sofa von Romeo Sozzi.
Viele Möbel im Haus sind Entwürfe der Architektin. Die China-
Pferde sammelt Hausherr Josef Rupp.

Im Himmel über dem Bodensee:
An klaren Tagen sieht man von der Villa Rupp
bis zur Lindauer Insel.

„Den Sommer über leben wir fast nur auf unseren Terrassen",
sagt Architektin und Hausherrin Antonella Rupp.

Das Wohnhaus der Rupps am Hang zwischen Lindau und Bregenz ist eine massive Stahlbetonkonstruktion. Anfangs waren die Lärchenholz-Modernisten, die sonst in dieser Gegend bauen, von Rupps 1000-Quadratmeter-Residenz irritiert. Sie orientiert sich eher an Zeitgenossen wie Rafael Moneo und Álvaro Siza als an der Vorarlberger Bauschule. Inzwischen hat sie eine Klientel für ihre riesigen Volumina – auch wegen des avancierten Interior Designs. Antonella Rupp studierte in Mailand bei Achille Castiglione.

Läuft man mit ihr durch das per Lift erschlossene Haus, das neben dem Poolgeschoss über ein Wohnstockwerk, eine weitgehend offene Schlafetage und eine formidable Dachterrassenlandschaft verfügt, gelangt man von einem Passionsbauplatz zum nächsten. Der Kamin und die Bäder sind aus dem Material der Steinbrüche ihrer Freundin Deborah Morceletto, mit deren Firma bei Vicenza schon Carlo Scarpa arbeitete. Viele Sofas, Tische, Sessel sind Maßmöbel. Teil der Leidenschaft sind auch die Einbauten aus Macassar und ein schmaler, rötlichbraun flammender Pfad aus brasilianischem Ipe-Holz. Der zieht sich durch den Rasen, ehe er bis zum Dach als vertikales Band die cremefarbene Fassade emporsteigt. Für den Innenraum wurden die meterlangen Dielen mit schwarzen Pigmenten geölt. Dieses exotisch-elegante Detail ist typisch: Die Rupps würzen ihr Leben gern mit den Dingen, die sie im Urlaub entdecken. „Wenn wir aus Brasilien zurückkommen, haben wir immer zwei Container voll Sachen dabei."

Das Haus ist auf Kunst zugeschnitten. Gemälde von tschechischen Kubisten und Fotografien aus Brasilien vertragen sich mit chinesischen Terrakotta-Pferden aus den verschiedenen Epochen der Han-Dynastie, Tang-Herrschaft, Westlicher und Östlicher Zhou-Periode und den selbst entworfenen Einzelmöbeln.

Der Rest der Rupp-Villa gehört den Gästen. „Wir haben viele Einladungen – Sommerpartys, kleinere Hauskonzerte oder legere Jazzabende." Bei diesen Anlässen offenbart sich die materielle Verknüpfung von Drinnen und Draußen: Sitzmöglichkeiten, Hölzer und Bronzierungen wiederholen sich. Antonella Rupp ist eine begeisterte Gastgeberin, die Freunden oder Künstlern, die sich auf die Bregenzer Festspiele vorbereiten, manchmal das attraktivste Geschoss einräumt: das Dachdeck mit Sommerküche und zwei Suiten, die durch „Roll-Wände" raffiniert zu verbinden oder zu trennen sind. Durch Kingsize-Fenster gewähren sie von da oben Traumblicke über den halben See. ——

Keine Anmut, nirgends:
DANIEL LIBESKIND
baute in einer radikal
subjektiven Geste
eine Sichtbeton-Villa
an einem berühmten
mallorquinischen
Ferienort – ohne Pool,
ohne Deckchair und
fast ohne Ausblick.

ATELIER-HAUS AUF MALLORCA

PORT D'ANDRATX —— 2003

„Dies ist keine
Anti-Villa, sondern
eine Alternative
zu herkömmlichen
Privathäusern."

DANIEL LIBESKIND ———

Weniger ist mehr.
Nur ein Treppenpfad führt zu Licht und Wasserblick.

Parallel zu ersten Großprojekten arbeitete Daniel Libeskind mehrere Jahre lang an einem Privathaus auf Mallorca. Er erbaute es für eine amerikanische Künstlerin, die seit den Siebzigerjahren auf der Insel lebt. Im Herbst 2003 wurde Libeskinds vierter Bau fertig.

Die Bildhauerin und Malerin hatte sich eine Wohnung, die zugleich Studio, Lager und Showroom ist, gewünscht. Von der gegenüber liegenden Küste sieht man einen nicht näher bestimmbaren weißen Block im Hang lauern. Aus der Hafenstadt Port d'Andratx muss man nur etwas die Uferstraße entlang fahren. Ein gutes Stück unterhalb einiger Prominenten-Fincas kurvt plötzlich eine mächtige, schiefe, weiß gestrichene Gussbetonwand vor und zurück. Mit dieser überraschenden Entwurfsgeste präsentiert sich Libeskinds Haus. Es verschließt sich nicht nur vor der Straße, sondern auch vor der Bucht und vor der Sonne: keine Fenster, keine Balkone – nur ein schmaler Ausguck mit Geländer am Ende einer langen Treppe, die den Baukörper teilt.

Von der Flanke sieht Daniel Libeskinds Mauerfront wie ein schwankendes Schiff aus. Die Wand hat keine Fenster, nur Austritt, Lichtband und einige Libeskind-typische Einschnitte und Aussparungen. Das Haus verweigert sich der üblichen Sommerhaus-Optik. Es ist in jeder Hinsicht anders als die neorustikalen Fincas, die es umgeben. Repräsentative Elemente fehlen. So gut wie alle Oberflächen – Boden, Wände, Decken und Treppen – zeigen Sichtbeton.

Fünf Jahre hat es gedauert, das kleine Opus zu vollenden. Der Architekt zog während der Bauzeit – nach dem Gewinn des Wettbewerbs um Ground Zero – mit seinem Büro von Berlin nach New York um. Libeskind ist sich in dem komplexen und doch offenen Low-Budget-Bau mit den vielen Cuts und Voids treu geblieben. Gehäutet hat er sich dennoch. Statt des extrovertierten Zickzacks seiner drei etwa zeitgleich entstandenen Museen in Berlin, Osnabrück und Liverpool wird dieses private Gebäude aus den weichen Segmenten nichtkonzentrischer Kreise gebildet, so die Beschreibung des Architekten.[1] Die Kreise gehen auf die „Mnemonischen Wagenräder" des mittelalterlichen Mystikers Ramon Llull zurück, der 1232 in Palma de Mallorca geboren ist. Man könnte von Regionalismus à la Libeskind sprechen.

Den Architekten, der philosophische Verknüpfungen von Vergangenheit und Gegenwart liebt, faszinierte an den Rädern das Sinnbild von den Gedankeninseln, die im Ozean der Erinnerung verschwinden und wieder auftauchen. Und die Tatsache, dass es bei vielen Kreisen viele Zentren gibt. „You never arrive", sagt ihr Schöpfer.[2] Es gibt in diesem Haus keinen Mittelpunkt und auch kein Ziel: „Die Harmonie liegt in den Gegensätzen."

Tatsächlich fühlt sich der Besucher auf einer permanenten *Promenade architecturale*. Ständig muss er überlegen, wie er von dem einen Atelier in ein anderes kommt, das er durch Mauerschlitze oder Glasfronten gleichwohl schon lange sieht. Die Bewohnerin stört das nicht, sie hat es so gewollt.

Zen trifft Industrial Style: Der Hof des Hauses auf Mallorca ist wie ein Playground von Isamu Noguchi angelegt. Die Industrietreppe im Hintergrund teilt den Baukörper und geleitet vom Hof hinauf zum einzigen Ausblick aufs Meer. Oben eine Skizze, in der Libeskind 1998 schon Aussicht und Treppe vorplante.

Die Landschaft ist mediterran, die Villa kühl und hermetisch. Hier die vorteilhafte Lage,
von der gegenüberliegenden Küste aus betrachtet.

Cuts like Libeskind: Die Einschnitte und Öffnungen gliedern den Sichtbeton. Die Villa wendet sich vom Meer ab –
und ganz der Kunst der Hausherrin zu (unten).

Der überraschende Innenhof erinnert mit seinen weißen Steinbecken an die Playgrounds und Zen-Gärten
des Künstlers und Landschaftsarchitekten Isamu Noguchi. Durch präzise Mauerkerben werden Licht oder
Himmelsausschnitte hereingelassen. Doch selbst dieser scheinbar ausbalancierte Ort ist weit davon entfernt, eine kontemplative Aura zu verbreiten. Das ver-
hindern ein Maschendrahtzaun, Industriegitter, viele
Schrägen und schiefe Ebenen.
„Was braucht man schon? Einen Tisch, ein Bett, ein
paar Musikinstrumente",[3] meint Libeskind. Die Künstlerin hat ihr Haus in enger Zusammenarbeit mit Libeskind entwickelt. Sie kann, wie sie sagt, hier gut arbeiten und frei atmen. Und Freunde, die hier die Ferien
oder eine Nacht verbringen, werden wissen, dass sie in
diesem Haus auf Glanz, große Möbel, teure Acces-
soires, Marmor und spiegelnde Glasflächen verzichten
müssen. Und auf mehr als den einen ausgewählten
Meerblick. ——

[1] vgl. Mnemonic Cartwheels, in: Katalog zu einer Libeskind-Ausstellung
   bei Aedes West, Berlin, 2000, S. 7

[2] vgl. Alexander Hosch, „Die Villa zur Macht", in: Süddeutsche Zeitung,
   Feuilleton , S. 15, 9.10.2003

[3] aus einem Telefoninterview zwischen Daniel Libeskind und dem Autor
   am 4.3.2005, veröffentlicht im SZ Magazin No. 13, 1.4. 2005, S.18 ff.

HUSET PÅ KLIPPAN

Silbrig glänzendes Fichtenholz und riesige Glasfenster prägen die Ansicht eines Wohnhauses, das <u>PETRA GIPP + KATARINA LUNDEBERG</u> auf einem Kliff im Schärenarchipel bauten.

„Wir legten großen Wert auf würdig alternde Materialien", sagt Petra Gipp. Auf der rechten Seite unten der Blick aus dem Eingangsbereich in den offenen Wohnraum und in die Natur.
Dies ist der Lieblingsplatz der Architektinnen: „Hier lösen sich die Grenzen zwischen Drinnen und Draußen auf."

SCHNITT

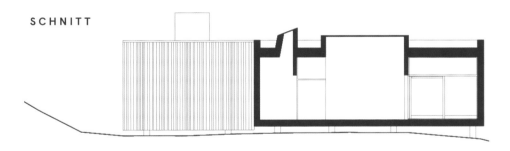

ERDGESCHOSS

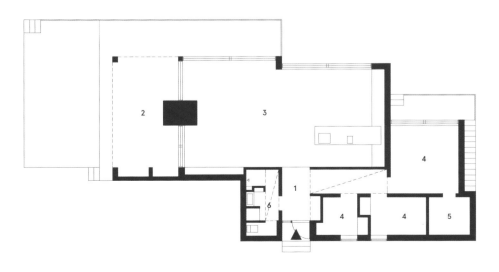

TECHNISCHE DATEN	LEGENDE
Petra Gipp Arkitektur AB	1 Zugang
und Katarina Lundeberg	2 Lounge
In Praise of Shadows AB	3 Wohnen/Kochen
	4 Schlafen
Grundstücksgröße:	5 Ankleide
2.600 m²	6 Bad
Wohnfläche:	
150 m²	
Bewohner: 2	

LAGEPLAN

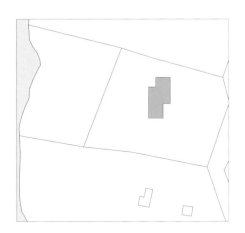

Die weißen Vertäfelungen sind mit Eisensulfat beschichtet.
Auch für die Böden und für den Küchenblock im offenen Wohnraum
wurde Fichte verwendet.

Der Wunsch des Auftraggebers war es, für sein Einfamilienhaus zugleich größtmögliche Privatheit und Naturerfahrung zu bekommen. Das führte zu einem transparenten Entwurf, der sich von der benachbarten, um 1900 entstandenen Siedlung mit kleinen Ferienhäusern abwendet und zum Wasser hin orientiert. Da das Haus am vordersten Punkt eines Kaps und 28 Meter hoch auf dem Kliff sitzt, ist die Aussicht in die Natur überwältigend. Von manchen Stellen aus übersieht man die ganze Bucht.

Es gibt zwei Volumina, die intern voneinander getrennt sind. Der eine Baukörper ist weitgehend in sich geschlossen und nimmt die persönlicheren, privateren Räume auf: mehrere Schlafzimmer, die jeweils separate Eingänge haben. Das größte von ihnen hat eine angrenzende Terrasse und ein oben offenes Bad. Der andere Korpus mit den riesigen Fenstern zur Ostseebucht widmet sich den mehr „öffentlichen" Aspekten des Wohnens. In den großen Wohnraum ist die Küche integriert. Die beiden Volumina werden von einem Lichtbrunnen geschieden, der entsteht, weil das Tageslicht oben durch

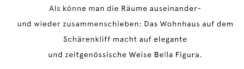

Als könne man die Räume auseinander-
und wieder zusammenschieben: Das Wohnhaus auf dem
Schärenkliff macht auf elegante
und zeitgenössische Weise Bella Figura.

eine große Laterne – einen durchbrochenen Turm-
aufsatz – eintritt und darunter das Haus quasi
„durchschneidet". Diese geschlossene interne Fläche mit ihrer immateriellen Wirkkraft sieht die Architektin Petra Gipp als stärkstes Element ihres
Entwurfs.

„Der Kunde wünschte sich, dass die Terrassen,
Haus und Kliff zu einem Ganzen verschmelzen",
sagt sie. „Um eine konzentrierte formale Einheit zu
erhalten, integrierte ich die großzügigen Terrassen
in die Gebäudestruktur. Gleichzeitig binden sie das
Haus an den Grund an." Eine starke Verbindung
zwischen Fels und Haus, Terrain und Architektur,
entstand. Aus der kubischen Geometrie sind Treppen herausgearbeitet, die den Grund und die
Schlafzimmerterrasse sowie diese wiederum mit
dem Dach verbinden. Das Fundament erhebt sich
über das Grundstück und lässt die Landschaft un-
berührt.

Viele Details und Materialien sind so gewählt, dass
sie das zurückhaltende, auf wenige Töne reduzierte
Architekturdesign unterstützen: Die Paneele der
Vertäfelung sind unterschiedlich dimensioniert und
teilweise weiß beschichtet. Ihre Kanten sind auf
Gehrung geschnitten. Alle Fußböden und einige
Wandflächen bekleiden Fichtenholzdielen und
-latten. Daneben fanden Gussbeton und Zinkblech
Verwendung – alles Materialien, die die Architekt-
innen wählten, weil sie würdig altern. ——

CAP FERRET —— 1998

MAISON À L'ATLANTIQUE

Bäume, die durch die Decke gehen:
Dieses Haus von LACATON VASSAL
an der französischen Atlantikküste war
zu Ende des vergangenen Jahrtausends
Vorreiter für ein neues Verhältnis
zwischen Mensch, Architektur und Natur.

Zu einer Zeit, als Häuser kaum noch größer und spek-
takulärer werden konnten, leitete dieses Projekt in der
Bucht von Arcachon bei Bordeaux einen Sinneswandel
ein. Die Pariser Architekten Anne Lacaton und Jean-
Philippe Vassal planten auf einem nach Südosten ge-
richteten Grundstück, das lange unbebaut geblieben
war, eine Wohnarchitektur in geschützter Landschaft.
Das Ziel war, gleichermaßen die Natur und den Geld-
beutel der Bauherren zu schonen – ohne an der Qualität des Entwurfs zu sparen.

Um weder eine der 46 Pinien auf dem Gelände fällen zu
müssen, noch die flachere Vegetation der Sanddünen
aus Mimosen und Erdbeerbäumen zu bedrängen, wurde die Plattform für das Haus angehoben und auf zwölf
gut sichtbare Pfeiler aus galvanisiertem Stahl gestellt.
Diese reichen 8 bis 10 Meter tief in den Boden, der hier
vor allem aus Sand besteht. So konnte der Anblick von
der Wasserseite auf die Bucht bewahrt werden. Das
Haus versteckt sich in der Vegetation, ohne diese
letztlich zu berühren oder gar zu verletzen.

Um Erdarbeiten zu vermeiden, wählten die Architekten einen Metallrahmen als weitgehend sichtbares
Konstruktionsgerüst für das Haus. Das zum Meer und
Strand hin rasch und steil abfallende Gelände blieb
nicht nur in voller Bepflanzung erhalten, einige der das
Haus überragenden Pinien durchstoßen sogar den
Baukörper. Material an Dach und Boden blieb dafür
ausgespart. Die Unversehrtheit der Pinien wurde den
architektonischen Volumina übergeordnet – nun tragen die Bäume als eine Art Raumteiler zum speziellen
Wohnwert eines Ferienhauses bei, das sich komplett
in die vorgefundene Natur integriert. Die Bäume befinden sich da, wo sie das Haus durchdringen, in speziellen Haltevorrichtungen, die ihr natürliches Wiegen
und Biegen im Wind mittragen. Es entstand quasi ein
Baumhaus auf halber Wipfelhöhe.

Das Gefälle vom Wohngeschoss zum Erdboden wird von
einer Wendeltreppe aus Stahlblech überwunden. Für
den Geländeunterschied zum Bassin d'Arcachon gibt es
etwa 50 steile Stufen. Zum schmalen Strand hin schirmt
eine traditionelle, aber neu hergestellte Holzwand die
private Sphäre ab.

Zum Meer ist die Fassade offen oder verglast. Die drei
anderen Seiten sind geschlossener, haben aber Unter-
teilungen aus transluzenten Kunststoffen anstelle von
Glasscheiben. Dabei orientierten sich Lacaton Vassal
sichtbar an Leichtbau-Konstruktionen von Jean Prou-
vé. Mit „armen Materialien" aus der Industriefertigung
wie Maschendrahtzaun, Betonestrich, Metallrahmen,
Polycarbonat und Wellblech erzeugten sie eine dia-
phane Hülle von hoher Eleganz.

Man kann unter dem Haus aufrecht hindurchgehen.
Das Gelände dort ist unregelmäßig. Die Unterseite der
Plattform besteht aus silbern glänzenden Aluminium-
Modulen, die Architekten sprechen deshalb von einem
„künstlichen Himmel". Durch das wellige Terrain, die
lotrechten Pfeiler und die ungeraden Bäume ergeben
sich unter dem Haus mannigfache Reflexe, überraschende Licht- und Schattenspiele und ein faszinie-
rend-zwielichtiger Blick auf den nahen Atlantik bis zum
Horizont. ——

TECHNISCHE DATEN   *Wohnfläche:*

Lacaton Vassal Architects   180 m² + 30 m² Terrasse

Bewohner: 2

Baumhaus für immer: Die Halterungen in den Betondecken
lassen ein natürliches Biegen und Wiegen der Pinien zu.

Oben der Blick von der Terrassse auf das schroff zum Bassin d´Arcachon abfallende Gelände.

Unten links die im Wald versteckte Fassade zum Meer. Auf dem Foto unten rechts sieht man die transluzenten Polycarbonatelemente zur Nordseite.

SCHNITT

LAGEPLAN

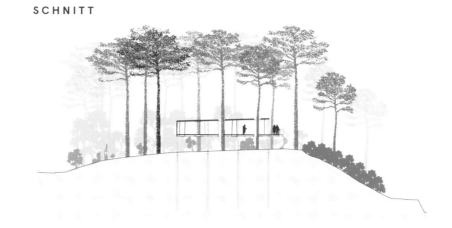

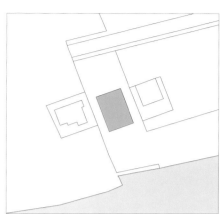

ARCHI-PELAGO

SCHÄRENINSEL HUSARÖ —— 2006

HOUSE

Ein Frühwerk von
THAM & VIDEGÅRD:
Zwischen Felsen,
Gras, Büschen, Bäu-
men und der Ostsee
kann eine Stock-
holmer Familie gebor-
gen und naturnah
ihre Wochenenden
verbringen.

Wohnen wie unterm Blätterdach (linke Seite und oben):
Die Kiefern, die Pergolarippen und die schwarz gebeizten
Schichtholzpaneele des Archipelago House lassen
spielerisch das Licht durch. So schützt die Schindelverkleidung
die Bewohner - und unterhält sie zugleich.

Es gibt Orte, an denen einem die Welt zu gehören scheint. Dieses Ferienhaus auf der Schäreninsel Husarö ist einer davon. Im Sommer dauert es von Stockholm zweieinhalb Stunden mit dem Boot bis hierhin. Und dann muss man, vom Bootsanleger auf der Festlandseite der Insel, noch eine Viertelstunde zu Fuß gehen, bis das auf die Meerseite ausgerichtete Gebäude erreicht ist.

Es bedarf keiner allzu großen Fantasie, um sich die Anstrengung vorzustellen, die für die Errichtung dieses Stückchens selbst gewählter Einsamkeit nötig war. Alle Baumaterialien kamen notgedrungen per Boot. Vom Steg wurden sie mühsam mittels allerlei Gefährt an den Bauplatz transportiert oder gar auf den Schultern getragen. So kam schon aus Gewichtsgründen für die Konstruktion nur Holz infrage. Die Familie eines Stockholmer Unternehmers bekam auf diese Weise ein robustes Haus, das trotzdem leicht wirkt.

Eine gewisse Wehrhaftigkeit der Materialien war allerdings notwendig, weil die Bedingungen auf der Insel im äußeren Schärengürtel rau sind – und das Klima nordisch. Terrassenbretter müssen dem Schnee und das ganze Jahr über dem Regen trotzen, die Fassadenmodule der salzhaltigen Luft weit draußen in der Ostsee widerstehen.

Die jungen Architekten Bolle Tham und Martin Videgård Hansson beschlossen, sich zwar an die schwedische Holzbauweise anzulehnen, jedoch für einen ihrer ersten Aufträge beherzt eigene Akzente zu setzen. So ist die schützende Schindelfassade aus schwarz gebeizten Schichtholzpaneelen mehr als ein Hingucker. Ihre zeitgenössische Ästhetik bringt Nutzen und lässt durch die semiserielle Anmutung an aktuelle Algorithmus-Schemata denken.

Die Architekten setzten ihr Haus, das die Form eines Parallelogramms hat, auf eine Plattform zwischen zwei großen Felsformationen. In eineinhalbjähriger Bauzeit fertigten drei sorgsam ausgewählte Spezialisten den Bungalow fast im Alleingang. Sie lebten, selbst im Winter, in einem Caravan neben der Baustelle.

Es wurde ein sehr diskretes Haus, das nach Süden und Westen blickt. Die Familie genießt auf 130 Quadratmetern ein subtiles Lichtspiel aus Durchblicken. „Wie unter einem Blätterdach"[1] solle man sich in dem Haus fühlen, beschreibt Bolle Tham. Die Kiefern draußen und die dunkle Lattung der Pergola erzeugen zusammen mit den hellen Bodenplanken des Decks im höchst attraktiven Licht- und Schattenspiel ein mehrfach gefiltertes Naturerlebnis zwischen Innen- und Außenraum.

Die diagonal aufgereihten Glasboxen der Wohnräume brechen den Wind. Auch die Schiebetüren erleichtern das Leben mit dem oft rauen nordischen Klima.
Oben der Blick aufs Wohnzimmer bei Dämmerung, unten die Enfilade der Kuben. Auf der rechten Seite Küche und Esstisch.

ERDGESCHOSS

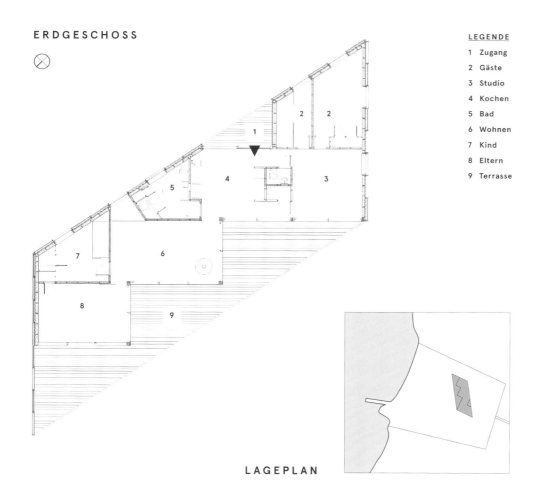

Durch die Staffelung von Schlafzimmer, Wohnbereich, Küche und Kinderzimmer in Glasquadern entlang des Decks wurde ein eleganter Windschutz geschaffen. Die Schiebetüren vereinfachen das Leben der Familie in der manchmal stürmischen Umgebung. Die diversen Wechsel aus allerlei vertikalen und horizontalen Musterungen geben dem Wohnen im Haus Luftigkeit und Transparenz. Rhythmisierte Öffnungen seitlich und nach oben verstärken diesen Eindruck. Materiell bestimmen eine geweißte Kieferlattung an den Wänden, Eichenböden und ein freundlicher Einrichtungsstil mit hellen Möbeln das hart erkämpfte Paradies. ——

[1] vgl. Bolle Tham in: Architectural Digest AD, 7/8 2007:
   Nordisches Lichtspiel, S. 48: „Man soll sich wie unter einem
   sonnendurchschienenen Blätterdach fühlen."

TECHNISCHE DATEN

Tham & Videgård Arkitekter

Bolle Tham & Martin Videgård

Grundstücksgröße:

3.250 m²

Wohnfläche:

130 m²

LAGEPLAN

WOHN-HAUS IN BEINWIL

DARLINGTON MEIER ARCHITEKTEN vertrauten unweit von Zürich auf Schlicht- heit, schöne Materialien und einen klugen Grundriss.

HALLWILER SEE —— 2006

Swiss Study House: Mit einigen klugen Kniffen brachten die Architekten das Haus zum Schweben und „zogen" den See näher heran. Nun ist er in fast allen Räumen präsent.

SCHNITT

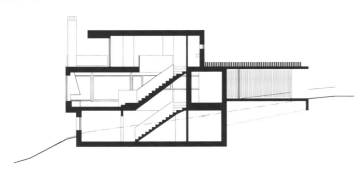

ERDGESCHOSS

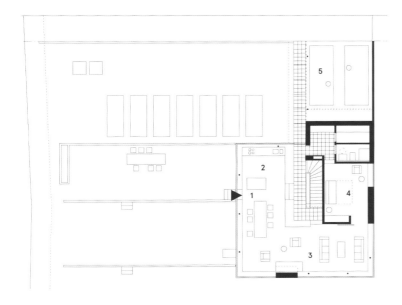

OBERGESCHOSS

TECHNISCHE DATEN

Darlington Meier Architekten
Mark Darlington,
Stephan Meier

Grundstücksgröße:
708 m²
Wohn-/Nutzfläche:
170/215 m²
Bewohner: 2
Energiekonzept:
Regenwassernutzung,
Wärmegewinnung
mittels Wärmepumpe

LEGENDE

1 Zugang
2 Kochen/Essen
3 Wohnen
4 Bibliothek
5 Carport
6 Ankleide
7 Bad
8 Schlafen
9 Terrasse

Alle Böden aus Beton oder Anhydrit (unten z.B. das Wohnzimmer)
sind gefärbt, geschliffen, geölt.
Die Decken dagegen wurden in rohem Sichtbeton gelassen.
Sahnehäubchen: der Außenkamin (oben).

„Das Seepanorama ist in allen
Räumen ein ständiger Begleiter."

STEPHAN MEIER ——

Der Carport führt fast wie eine Pier ins Haus. Und dann sind Bewohner und Besucher schon mittendrin. Hinterm Eingangsbereich kommt die Treppe, das Scharnier des Hauses. Unversehens ist man, obwohl ein Stück weg vom Wasser, gleich in einem allseitig durchfensterten Cockpit über dem See gelandet. Dort sind in offener Folge Küche, Ess- und Wohnareal sowie die Bibliothek angeordnet. Eine kluge Disposition, denn so ließ sich preisbewusst und flexibel auf übersichtlichem Raum planen – und der weite Blick in die Landschaft konnte schon im Erdgeschoss ausgenutzt werden. Das obere Stockwerk scheint dann förmlich über seinem Sockel zu schweben. Aus verständlichen Gründen fühlte sich die Schweizer Fachpresse von dem Haus am Hallwiler See an das kalifornische Case Study Program der Vierziger- und Fünfzigerjahre sowie an Richard Neutra erinnert.[1]

Architekt Stephan Meier stellt die Landschaft in den Vordergrund: „Die Panoramasicht über den gesamten See dominiert das Grundstück und ist eine allgegenwärtige Kulisse. Unsere Lieblingsstelle ist der vom Außenkamin gefasste Platz im Freien mit Blick bis zu den Alpen."

Neben der Aussicht und dem Grundriss verwandten die Architekten auf die Materialauswahl die meiste Mühe. Das Interieur mit 170 Quadratmetern Wohnfläche zeigt Sichtbetondecken und verputzte Wände. Die Böden sind aus eingefärbtem Beton und Anhydrit, jeweils geschliffen und geölt. Die Gebäudekanten sind abgerundet. Das umlaufende Bandfenster in Aluminium nimmt dieses Motiv auf. Die Flachdächer haben einen Plattenbelag und sind, wo nicht begehbar, als Trockenwiese begrünt.

Das Haus ist in Mischbauweise mit Kompaktfassade errichtet. Diese wurde verputzt und im Glattstrich horizontal geschlämmt, danach mehrschichtig silbern lasiert. Die horizontalen Pinselstriche in der Struktur des Feinputzes tragen zum raffinierten Erscheinungsbild des Hauses bei. „Wir haben mit zurückhaltenden Farbtönen wie Weiß oder Hellgrau gearbeitet und mit bewusst eingesetzten Glanzgraden. Sie reflektieren die jeweils herrschende Lichtstimmung und transportieren sie nach innen. Die Brüstungen zum Beispiel sind mit glasierten graugrünen Kacheln belegt." ——

[1] Vgl. „Hochsitz über dem Hallwilersee", in: Viso, 03/2008, S. 54 ff.; „Schlicht und einfach schön", in: Sonntagszeitung, 25.5.2008, S. 83 und „In this Case", in: Werk, Bauen + Wohnen 1 / 2, 2009, S. 48
2006, Mailand

WATER-VILLA

AMSTERDAM —— 2010

DE OMVAL

Hausboote sind nur etwas für Menschen,
die aus dem Bauwagen
aufs Wasser umziehen wollen? Falsch!
+31 ARCHITECTS bewiesen
an der Amstel, dass es Luxushäuser gibt,
bei denen man an Bord gehen kann.

Fröhliches Wohn-Reich statt finsterer Kajüte: Schiebetüren öffnen dem Licht den Raum.

Durch die Splitlevel-Lösung wurden zwei Etagen möglich.

Rechts: Urbanes Wohnen mal anders – die Hausherren leben angstfrei auf Augenhöhe mit dem Fluss.

Der Gehry-Sessel und die Einbaumöbel nach Maß verraten: Stil mit an Bord!

„Diese Villa kam in einer Zweitagesreise nach Amsterdam – auf dem Wasser!"

JASPER SUASSO DE LIMA DE PRADO

UND JORRIT HOUWERT ——

Ein Teil der Niederlande liegt tiefer als der Meeresspiegel. Wohnen auf dem Wasser gehört dort schon lange zum guten Ton. Und es wird immer populärer. Vor allem seitdem die Klimaerwärmung und das mögliche Steigen der Gewässerspiegel stärker ins Bewusstsein treten. Eine Alternative zu den aufwendigen Dünen und Deichen, die das Land seit jeher braucht, ist das geordnete Fluten von Landschaften. Die Konsequenz ist, dass neue Häuser dann eben nicht mehr stehen können, sondern schwimmen müssen.

+31 Architects sind hier Spezialisten. Sie haben bereits eine stattliche Anzahl von Häusern auf dem Wasser gebaut. Ihre mondänste Wasservilla bislang ist eine ihrer jüngsten: de Omval, im Süden von Amsterdam. „Es gibt zwei Möglichkeiten. Man könnte auf das Ponton-Prinzip setzen und eine solide Schwimmplattform bauen, die leichter als Wasser ist", erklären Jasper Suasso de Lima de Prado und Jorrit Houwert. „Die andere Variante basiert auf dem Schiff: Man braucht einen Hohlkasten aus Stahlbeton, der oben offen ist. Wegen der ganzen Luft in dieser ‚offenen Box' schwimmt die Konstruktion." Allerdings lässt sie sich nicht so leicht in flacheres Wasser manövrieren wie ein Ponton-Haus. Die Chefs von +31 architects haben sich bei ihren Wasserprojekten bislang immer für die zweite Methode entschieden. Die Konstruktion ist stabiler und man kann den „Platz im Kasten" als Wohnraum nutzen. Die Aufbauten werden von Stahlrahmen getragen, kombiniert mit stählernen Deckenprofilen sowie Holzrahmen. Jedoch ist es erforderlich, dass möglichst viel Gewicht weit unten sitzt. Um die Wasserverdrängung zu kompensieren, mussten auch bei der Watervilla de Omval das Gewicht des Hauskörpers über Wasser sowie das der Menschen, ihrer Möbel und Utensilien genau kalkuliert werden.

Obwohl das Hausboot de Omval von +31 Architects im Prinzip ein Schiff ist, wurden beim Interior Design keine Kompromisse gemacht. „Unsere Kunden lieben den Charme des Lebens auf dem Wasser. Aber sie wollen nicht wie im Wohnwagen leben", sagen die beiden Architekten. Es beginnt damit, dass sich hier niemand bücken muss – nichts erinnert auf den 197 Quadratmetern dieser komfortablen Arche zum Wohnen an Kojen und Kombüsen, winzige Stau-Luken oder zu niedrige Einstiege. Stattdessen wähnt man sich – und ist es auch! – in einer zeitgemäß eingerichteten Villa. Die Architekten sind auf den nahtlosen Übergang von drinnen nach draußen durch die weißen Putzwände stolz, die den Kurven des Schwimmkörpers folgen. Die Schiebetüren, welche die Räume teilen, bewahren eine gewisse Bootsoptik – wenngleich sie im Ensemble mit der ganzseitigen Glasfront zum Wasser eher wie eine Penthouse-Ausstattung wirken. Deren Fenster – die Rahmen sind wie die Verkleidung des Hausboots aus Aluminium – reichen vom Boden zur Decke. Die naturliebenden Bewohner können so in maximalem Maß den Außenraum genießen. „Man kann in seinem Haus sitzen und die Finger ins Wasser strecken", schwärmen die Chefs von +31 architects.

Den Architekten gelang das Kunststück, in ihrer Konstruktion zwei Decks zu etablieren. Trotz der maximal drei Meter, die ein Hausboot in Amsterdam aus dem Wasser ragen darf, kann man auf beiden Etagen stehen. „Das war die größte Herausforderung", betonen Jasper Suasso de Lima de Prado und Jorrit Houwert. Der Trick: eine gekurvte Karosserie, die zur „Dachterrasse" führt – und darunter ein Schlafraum mit abgesenkter Decke. Nicht nur die Schöpfer erinnert das Ganze nun an einen Wohn-Porsche. Man könnte damit sogar unter einigen Grachtenbrücken hindurchfahren. Und es gibt noch einen Vorteil: „Anders als ein herkömmliches Haus kann dieses Schwimmsystem jederzeit kurzfristig verlegt werden, ohne der Landschaft Wunden zu schlagen – das ist der nachhaltigste Weg zu bauen." ——

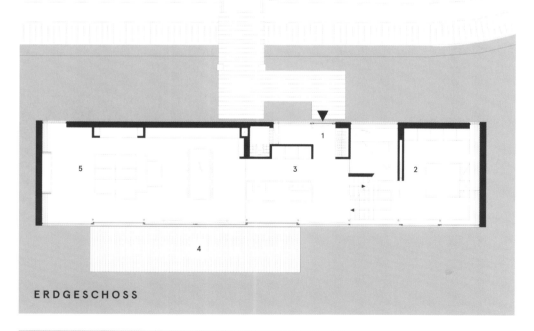

ERDGESCHOSS

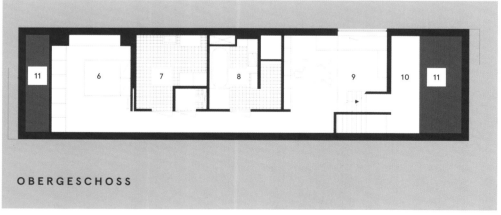

OBERGESCHOSS

TECHNISCHE DATEN

+31 architects
Jasper Suasso de Lima
de Prado, Jorrit Houwert

Wohnfläche: 197 m²
Heizung:
zentral (Fußboden)

LEGENDE

1 Zugang
2 Schlafen
3 Kochen
4 Terrasse
5 Wohnen
6 Gäste
7 Technik
8 Bad
9 Arbeiten
10 Lager
11 „Hohlkasten"

PRINZIP

Das archimedische Prinzip besagt, dass ein 220 Tonnen schweres Schiff wie dieses erst dann schwimmt, wenn es 220 Tonnen Wasser verdrängt. Die Wasservilla wurde deshalb mit zusätzlichem Beton beschwert. Dass sie unter Wasser breiter ist als darüber dient dem Raumgewinn, aber auch der Stabilität. Wenn man – wie hier – die Breite verdoppelt, wird die Konstruktion dadurch 8-mal stabiler.

In Amsterdam leben die Menschen seit dem 17. Jahrhundert
auf Booten. Man darf hier 35 Zentimeter über dem Fluss leben.
Wasser und Öl kommen über flexible Kabel auf
die Watervilla, auch Gas und Elektrizität. Durch ein vertikales
Gleitsystem kann das Wasserhaus an unterschiedlich
hohen Stegen fixiert werden.

SCHNITT

LAGEPLAN

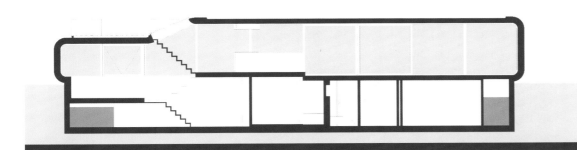

Architekten und Fotografen

A ——

+31 ARCHITECTS
Jasper Suasso de Lima de Prado,
Jorrit Houwert
Zeeburgerdijk 209-I
NL-1095 AC Amsterdam
www.plus31architects.com
Fotograf S. 184-189: Iwan Baan Photography,
Amsterdam, www.iwan.com

ARNOLD/WERNER
Sascha Arnold, Steffen Werner
Seitzstraße 8
D-80538 München
Telefon +49 89 189 170 200
Fax +49 89 189 170 299
www.arnoldwerner.com
mit Architekturbüro Till Boodevaar
St. Heinricher Straße 18
D-82541 Holzhausen
www.boodevaar.com
Fotograf S. 66-68: Arnold/Werner, München
Fotograf S. 69: Alexander Hosch, München

B ——

BARKOW LEIBINGER ARCHITEKTEN
Frank Barkow, Regine Leibinger
Mitarbeit Entwurf: Michael Bölling,
Markus Bonauer, Annette Wagner, Philipp Welter
Mitarbeit Ausführung: Philipp Welter (Projekt-
leitung), André Paaßen, Verena Schneider
Schillerstraße 94
D-10625 Berlin
www.barkowleibinger.com
Fotograf S. 92-94: Stefan Müller, Berlin,
www.stefanjosefmueller.de

BEDAUX DE BROUWER
ARCHITECTEN BV BNA
Jacques de Brouwer
Dr. Keyzerlaan 2
NL-5051 PB Goirle
www.bedauxdebrouwer.nl
Fotograf S. 134-137: Luuk Kramer, Amsterdam,
www.luukkramer.nl

BEMBÉ DELLINGER
Architekten und Stadtplaner GmbH
Felix Bembé, Sebastian Dellinger,
Architekten BDA
Im Schloss
D-86926 Greifenberg
www.bembe-dellinger.de
Fotograf S. 146-147: Oliver Heissner, Hamburg,
www.oliverheissner.com
Fotograf S. 144-145: Alexander Hosch, München

C ——

DAVID CHIPPERFIELD ARCHITECTS LTD
11 York Road
UK-London SE1 7NX
Kontakt-Architekt:
Carlos Seoane, Carlos Fontenla
www.davidchipperfield.co.uk
Fotograf Vorsatzpapier, S. 16-23:
Hélène Binet, London, www.helenebinet.com
Porträtfoto: Christian Kain

ANTONIO CITTERIO,
PATRICIA VIEL AND PARTNERS
Via Cerva 4
I-20122 Milano
www.antoniocitterioandpartners.it
Fotograf S. 138-143: Leo Torri, Mailand,
www.leotorri.com
Porträtfoto S. 190: Wolfgang Scheppe

CLAESSON KOIVISTO RUNE
ARKITEKTKONTOR AB
Mårten Claesson, Eero Koivisto, Ola Rune
Mitarbeit: Kumi Nakagaki, Patrick Coan
Östgötagatan 50
SE-11664 Stockholm
www.ckr.se
Krakmora Holmar und Drevviken House:
Fotograf S.96-101 + S. 124-129: Åke E:son Lindman,
Stockholm, www.lindmanphotography.com

CORREIA / RAGAZZI ARQUITECTOS
Graça Correia, Roberto Ragazzi
Rua Azavedo Coutinho, 39 - 4 Sala 44
P-4100-100 Porto
www.correiaragazzi.com
Fotograf S. 110-115: Luís Ferreira Alves - Fotografia

D ——

DARLINGTON MEIER ARCHITEKTEN
Mark Darlington, Stephan Meier
Badenerstraße 337
CH-8003 Zürich
www.darlingtonmeier.ch
Fotograf S. 180-183: Lucas Peters Photography,
Zürich, www.lucas-peters.com

DELUGAN MEISSL ASSOCIATED
ARCHITECTS
Mittersteig 13/4
A-1040 Wien
www.dmaa.at
Fotograf S 30-35: Hertha Hurnaus, Wien
www.hurnaus.com

E ——

ATELIER D'ARCHITECTURE
BRUNO ERPICUM & PARTNERS
Avenue Baron Albert d'Huart 331
B-1950 Kraainem
www.erpicum.org
Fotograf S. 70-77: Jean-Luc Laloux, Anhée,
www.laloux.be

F ——

FANTASTIC NORWAY AS
Håkon Matre Aasarød, Sivilarkitekt MNAL
Mitarbeit: Erlend Blakstad Haffner,
Thomas Tysseland, Sigrid Bjørkum
Storgata 37A
NO-0182 Oslo
www.fantasticnorway.no
Fotograf S. 24-29: Sveinung Bråthen, Oslo,
www.sbraathen.no

ARCHITEKTEN BDA FUCHS, WACKER
Stephan Fuchs, Thomas Wacker
Am Westkai 9 a
D-70327 Stuttgart
www.fuchswacker.de
www.bigbaybeachhouse.com
Fotograf S. 36-43: Johannes Vogt, Mannheim,
www.bau-im-bild.de

G ——

PETRA GIPP ARKITEKTUR AB
Åsögatan 140
SE-116 24 Stockholm
www.gipparkitektur.se

Katarina Lundeberg
In Praise of Shadows AB
Borgargatan 6
S-11734 Stockholm
Fotograf S. 162-167: Åke E:son Lindman,
Stockholm, www.lindmanphotography.com

STUDIO GRANDA ARCHITECTS
Smiðjustígur 11b
IS-Reykjavik IS-101
Fotograf S. 60-65: Sigurgeir Sigurjónsson,
Reykjavik
S. 65 (Porträt): Alexander Hosch, München

H ——

COOP HIMMELB(L)AU
Wolf D. Prix & Partner ZT GmbH,
Dreibholz & Partner ZT GmbH
Projektarchitekt: Helmut Holleis
Projektteam: Verena Boyer, Claudia Buhmann,
Volker Gessendorfer, Ana Claudia Gonzalez,
Helmut Holleis, Paul Kath, Manuela Kaufmann,
Volker Kilian, Caroline Kufferath, Marc Paulin,
Sigrid Steinwender, Irina Zahler, Barbara Zeleny
Spengergasse 37
A–1050 Wien
www.coop-himmelblau.at
Fotograf S. 102-107: Gerald Zugmann, Wien,
www.zugmann.com
S. 104 (o.), 109: Alexander Hosch, München
Porträtfoto S. 191: Clemens Fabry

HIRNER & RIEHL ARCHITEKTEN
UND STADTPLANER BDA
Mitarbeit: Matthias Marschner
Holzstraße 7
D–80469 München
www.hirnerundriehl.de
Fotograf S. 50-52, 54, 55: Sabine Berthold,
München, www.sabine-berthold-fotografie.de
S. 53: Siegfried Wameser Fotodesign, München,
www.siegfriedwameser.de

STEVEN HOLL ARCHITECTS
450 West 31st Street, 11th floor
USA–New York, NY 10001
www.stevenholl.com
Daeyang House and Gallery, Seoul, South Korea:
Steven Holl (Design Architect), JongSeo Lee
(Associate in Charge), Annette Goderbauer,
Chris McVoy (Project Advisor), Francesco
Bartoluzzi, Marcus Carter, Nick Gelpi,
Jackie Luk, Fiorenza Matteoni, Rashid Satti,
Dimitra Tsachrelia (Project Team)
E.rae Architects: Inho Lee, Minhee Chung,
Hyongil Kim (Local Architects)
Fotograf S. 78-83: Iwan Baan Photography,
Amsterdam, www.iwan.com

Writing with Light House, Long Island, USA
Steven Holl (Design Architect), Annette
Goderbauer (Project Architect), Martin Cox,
Irene Vogt, Christian Wassmann (Project Team)
Fotograf S. 120-122, 123 u.: Andy Ryan,
Cambridge MA, www.andyryan.com
Fotograf S. 123 o.: Paul Warchol Studio, New York,
www.warcholphotography.com
Porträtfoto S. 191: Mark Heitoff

K ——

KAUFMANN WIDRIG ARCHITEKTEN GMBH
Michael Widrig, Daniel Kaufmann
Schöneggstraße 5
CH–8004 Zürich
Fotograf S. 56-59: Georg Aerni, Zürich

L ——

LACATON & VASSAL ARCHITECTES
Anna Lacaton, Jean-Philippe Vassal
206, rue La Fayette
F–75010 Paris
www.lacatonvassal.com
Fotograf S. 168-173: Philippe Ruault, Nantes,

STUDIO DANIEL LIBESKIND
ARCHITECT, LLC
2 Rector Street 19th Floor
USA–New York, NY 10006
www.daniel-libeskind.com
Fotograf S. 156-161: Bitter Bredt Fotografie, Berlin,
www.bitterbredt.de
Porträtfoto S. 191: Michael Klinkhamer, Amsterdam

R ——

ARCHITEKTURBÜRO
ANTONELLA RUPP GMBH
Bregenzerstraße 43
A–6900 Bregenz
www.antonellarupp.com
Fotograf S. 150, 151, 152 u., 153,
154-155: Oliver Heissner, München
www.oliverheissner.com
Fotograf S. 2, 148, 152 o.:
Alexander Haiden, Wien
www.alexanderhaiden.com

S ——

SCHWARZ & SCHWARZ
Dipl. Architekten SIA
Neumarkt 17
CH–8001 Zürich
www.schwarz-schwarz.ch
Fotograf S. 44, 47, 49 o.: Bruno Helbing,
Zürich, www.helbingfotografie.ch
S. 48, 49 u.: Thomas Züger, Zürich,
www.zuegerpix.ch
Thomas Züger, Zürich,
www.zuegerpix.ch

T ——

THAM & VIDEGÅRD ARKITEKTER
Bolle Tham & Martin Videgård
Team: Bolle Tham, Martin Videgård,
Tove Belfrage, Lukas Thiel
Blekingegatan 46
SE–116 62 Stockholm
www.tvark.se
Fotograf S. 174-179: Åke E:son Lindman, Stockholm,
www.lindmanphotography.com
Porträtfoto S. 191: Mikael Olsson

MATTEO THUN & PARTNERS
Via Andrea Appiani 9
I–20121 Milano
www.matteothun.com
Fotograf S. 84-91: Hiepler Brunier, Berlin,
www.hiepler-brunier.de
Porträtfoto S. 191: Francesca Lotti, Mailand

W ——

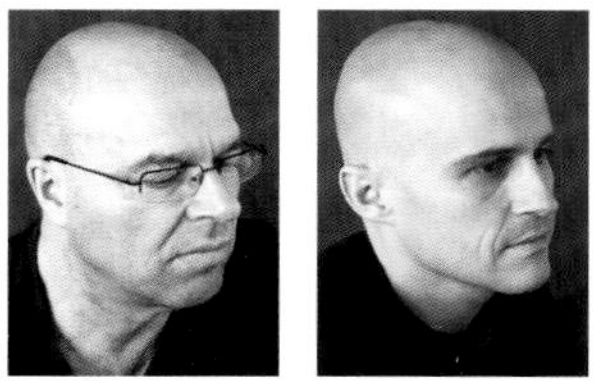

WESPI DE MEURON
Markus Wespi, Jérôme de Meuron
Architekten BSA AG
Via G. Branca Masa 9
CH–6578 Caviano
www.wespidemeuron.ch
Fotograf S. 116-119: Hannes Henz Architekturfoto-
graf, Zürich, www.hanneshenz.ch

WMR ARQUITECTOS
Felipe Wedeless, Jorge Manieu, Macarena Rabat
Espoz 4066, Vitacura
Centinela de Matanzas S/N
CL–7a Región
www.wmrarq.cl
Fotograf S.130-133: Sergio Pirrone,
www.sergiopirrone.com

EINLEITUNG
Abb. 1, 2, 3, 4, 7, 15: akg images
Abb. 9: Zugmann, bei Coop Himmelb(l)au
Abb. 13: Getty images
Abb. 16: Zeichnung Archiv Architekten Domenig
und Wallner ZT GmbH
Abb. 5, 6, 8, 10, 11, 12, 14, 17, 18, 22: Alexander
Hosch, München
Abb. 19, 20: Rasmus Norlander, Stockholm
Abb. 21: Sabine Berthold, München

SCHUTZUMSCHLAG
Klappe hinten: privat, Abb. Rückseite: Gerhard
Zugmann, Wien, Titelbild: Jean-Luc Laloux,
Anhée

Impressum

© 2012 Verlag Georg D. W. Callwey GmbH & Co. KG

Streitfeldstraße 35, 81673 München

www.callwey.de

E-Mail: buch@callwey.de

Bibliografische Information der Deutschen Nationalbibliothek
Die Deutsche Nationalbibliothek verzeichnet diese Publikation in der
Deutschen Nationalbibliografie; detaillierte bibliografische Daten
sind im Internet über http://dnb.d-nb.de abrufbar.

ISBN 978-3-7667-1977-5

PROJEKTTEXTE:
Alexander Hosch

PROJEKTLEITUNG:
Bettina Springer

LEKTORAT:
Katrin Pollems-Braunfels

UMSCHLAGGESTALTUNG:
ANZINGER | WÜSCHNER | RASP

LAYOUT UND SATZ:
ANZINGER | WÜSCHNER | RASP

DRUCK UND BINDUNG:
Kastner und Callwey Medien GmbH, Forstinning

Printed in Germany 2012

Benutzte Literatur

Adam, Peter: Eileen Gray. Architektin / Designerin, Kilchberg/Zürich 1989

Ders.: Eileen Gray – Leben und Werk, München 2009

Azzi Visentini, Margherita: Die italienische Villa. Bauten des 15. und 16. Jahrhunderts, Stuttgart 1997

Bembé Dellinger Architects: Bilder und Pläne 1999–2009, Wien/New York 2011

Campbell-Lange, Barbara-Ann: John Lautner, Köln 1999

Cappellieri, Alba: Antonio Citterio. Architecture and Design, Mailand 2008

Chipperfield, David: Idea e Realtà, (Ausstellungskatalog Padua 2005) Mailand 2007

Claassen, Helge: Palladio. Auf den Spuren einer Legende, Dortmund 1987

Claesson Koivisto Rune: Architecture Design, Basel 2007

Claesson Koivisto Rune: Illuminated by Wästberg, (Ausstellungskatalog) New York 2009

Domenig, Günther: Steinhaus in Steindorf, Klagenfurt 2002

Domenig, Günther: Das Steinhaus, (Ausstellungskatalog) Wien 1988

El Croquis 108, V 2001, Steven Holl 1998–2002, Madrid 2003

El Croquis 158, 2012, John Pawson 2006–2011 The Voice of Matter, Madrid 2012

Hess, Alan: Oscar Niemeyer. Häuser, München 2006

Ders.: Frank Lloyd Wright. Häuser, München 2006

Holl, Steven: Idee und Phänomen, (hrsg. v. Architekturzentrum Wien) Wien/Zürich 2002

Holl, Steven: Written in Water, Zürich 2002

McDonough, Michael: Malaparte. Ein Haus wie ich, München 1999

Isozaki, Arata und Ponciroli, Virginia (Hrsg.): Katsura: The Imperial Villa, Italienisch/Englisch, Mailand 2004

Jencks, Charles: Le Corbusier and the Continual Revolution in Architecture, New York 2000

Le Corbusier: L'interno del Cabanon. Le Corbusier 1952–Cassina 2006. (Ausstellungskatalog) Mailand 2006

Leoni, Giovanni: David Chipperfield, Mailand 2005

Linton, Johan: Out of the Real. The Making of Architecture. Tham & Videgård Arkitekter, Zürich 2011.

Mnemonic Cartwheel, Daniel Libeskind's Studio Weil and the Work of Barbara Weil, (Ausstellungskatalog) Berlin 2000

Noever, Peter: Coop Himmelblau. Beyond the Blue, (Ausstellungskatalog) Wien 2007

Palladio, Andrea: I Quattro Libri dell'Architettura, Buch II, Kap. 12. (Erstveröffentlichung 1570)

Prix, Wolf D. und Coop Himmelblau: Get Off Of My Cloud, Texte 1968–2005, Ostfildern bei Stuttgart 2006

Riley, Terence: The Un-Private House, (Ausstellungskatalog MoMA) New York 1999

Sauerbruch Hutton. Colour in Architecture, Berlin 2012

Temel, Robert / Waechter-Boehm, Liesbeth: Delugan Meissl 2, Konzepte, Projekte, Bauten, Band 1 und 2, Zürich 2001

Thoreau, Henry David: Walden oder Hüttenleben im Walde, Zürich, 1972. (amerikanisches Original: H.D. Thoreau, Walden or Life in the Woods, Boston, 1854)

Werner, Frank: Coop Himmelblau. Covering + Exposing. Die Architektur von Coop Himmelb(l)au, Basel, Berlin, Boston 2000

und **Archithese 4/91:** Eileen Gray oder ein unbekümmerter Umgang mit der Moderne sowie Ausgaben der Zeitschriften **2 G, A+U, Abitare, AD Architectural Digest** (deutsche Ausgabe, internationale Ausgaben), **Arch+, Architecture d'aujourd'hui, Baumeister, Bauwelt, Domus und Häuser.**